I0648517

J.A. Clemens

Darstellung und Beschreibung der Versuche des

Vice-Admirals von Chapmann

in Karlskrona zu Bestimmung des Widerstandes flüßiger unbegränzter

Massen

J.A. Clemens

Darstellung und Beschreibung der Versuche des Vice-Admirals von Chapmann
in Karlskrona zu Bestimmung des Widerstandes flüßiger unbegränzter Massen

ISBN/EAN: 9783743623699

Hergestellt in Europa, USA, Kanada, Australien, Japan

Cover: Foto ©ninafisch / pixelio.de

Weitere Bücher finden Sie auf **www.hansebooks.com**

Darstellung

und

Beschreibung der Versuche

des

Vice-Admirals von Chapmann in Karlskrona

zu

Bestimmung des Widerstandes

flüßiger unbegränzter Massen,

nebst einem Vorschlag,

wie man zu einer neuen Theorie des Stoßes der unbegränzten Gewässer durch die Erfahrung gelangen könnte.

Von

J. A. Clemens,

Königl. Preuß. Ober-Bau-Departements-Konduktör.

Mit zwei Kupfertafeln.

Berlin, 1797.
Bei Belitz und Braun.

Seiner

Hochwürden und Hochwolgeboren

dem Herrn

Herrn Michael Philipp Boumann

Königl. Preuß. Geheimen Ober, Finanz, Krieges, und
Domainen, Rath, Ober, Hof, Bau, Intendanten,
Direktor des Ober, Bau, Departements und des
immediaten Bergamts Alvensleben; wie auch Kano,
nikus des St. Guangolphi, Stifts zu
Magdeburg ꝛc.

Hochwürdiger, Hochwolgeborner

Hochgeehrtester Herr Geheimer Ober-
Finanz = Rath.

Ich würde es nicht wagen, Ew. Hochwürden und Hochwolgeboren, die gegenwärtige
Schrift zu widmen, wenn sie sich nicht mit einem Gegenstand beschäftigte, der von der äu-
ßersten Wichtigkeit für die Praktik, und zur
richtigen Bestimmung der Kraft des Stoßes
unentbehrlich ist.   Der Viceadmiral Herr
von Chapmann in Stockholm, stellte seine
Versuche, die ich hier bekannt mache, zwar
unmittelbar zum Besten der Schiffahrt an,
sie lassen sich aber auch sowohl auf den geraden als schiefen Stoß anwenden, und können
allerdings zu einer Theorie desselben führen,
welche das, was wir über unterschlächtige
Mühlenräder wissen, berichtigen und zu mehrerer Vollkommenheit bringen muß.

Sehen Ew. Hochwürden und Hochwolgeboren diesen Versuch indessen als einen Be-
weis an, wie sehr ich als Ihr Zögling bemü-
het gewesen bin, die mir ertheilten Lehren zu
benutzen, um zu dem Ziel zu gelangen, das
in der Architectur zu erreichen, Sie mir so
angelegentlich einschärften. Ich verharre in
der vollkommensten Hochachtung

Ew. Hochwürden und Hochwolgeboren

Berlin,
den 10ten May 1797.

ganz gehorsamster Diener
J. A. Clemens.

Vorrede.

Die gegenwärtige Schrift beabsichtigt es, die Versuche des Vieeadmirals von Chapmann in Karlskrona,
welche derselbe über den Widerstand des Wassers anstellte, hier bekannt zu machen.

Ob es derselbe gleich nur mit dem relativen Widerstand zu thun hat, und nur für diesen eine allgemeine
Formel aufstellt, so ist seine neue Theorie demohngeachtet von der größten Wichtigkeit. Ist nemlich der
absolute Widerstand, bey einer gegebenen Geschwindigkeit auch nur für einen Körper bekannt, so läßt sich
derselbe auch für alle übrigen Körper bei der nemlichen
Geschwindigkeit leicht auffinden.

Die geometrische Konstruktion zu Auffindung des
Widerstands ist so scharfsinnig, daß sie für eine Maschine gelten könnte, den Widerstand auf eine leichte
Art zu finden, die gewiß auf allgemeine Nützlichkeit
Anspruch machen dürfte.

Uebrigens stimmen die Resultate der Konstruktion auffallend genau, mit den Resultaten der Berechnung nach der Formel. Um aber auch die Berechnung nach der Formel zu erleichtern, habe ich eine Tabelle berechnet, die uns der Mühe überhebt, die Formel jedesmahl selbst zu berechnen. Ihre Resultate dürfen nur mit der Projektion multiplicirt werden, und man hat den verlangten Widerstand gefunden. Hierdurch glaube ich die geometrische Konstruktion für Liebhaber des Kalkuls überflüssig gemacht zu haben, da sie allerdings auf irrige Resultate führen kann, wenn sich das Papier ausdehnen oder zusammenziehen, oder das Brett, worauf man es klebt, werfen sollte.

Ueber die Versuche des Viceadmirals von Chapmann in Stockholm, zu Bestimmung des Widerstandes, welchen die Körper erfahren, die man grade vorwärts durch Wasser führen will.

Wenn man einen Körper im ruhig stehenden Wasser vorwärts bewegen will, so druckt das Wasser diesem Körper entgegen, und zwar mit desto mehr Kraft, je schneller ich denselben fortzuschieben suche. Dieser Druck des Wassers auf den in ihm bewegten Körper, ist es, was man unter dem Widerstand desselben versteht, da unter Stoß im Gegentheil die Kraft verstanden wird, die ich anzuwenden habe, einen solchen Körper dem auf ihn zufließenden Wasser entgegen zu halten. Daß nun die Bestimmung des Widerstandes, den ein Körper erfährt, welcher gerade vorwärts durch das Wasser geführt wird, zu den schwersten und zugleich nützlichsten Aufgaben der angewandten Mathematik gehöre,

ist wohl keinem Zweifel unterworfen. Anfänglich
glaubte man, der Widerstand verhalte sich wie das
Quadrat vom Sinus des Einfallswinkels und wie
das Quadrat der Geschwindigkeit; die Versuche
der Herren D'Alembert, Marquis de Condorcet
und Bossut aber zeigten bald, daß wenigstens ersteres
Verhältniß gar nicht in der Natur statt finde. Indessen stellte doch keiner dieser Mathematiker einen
Satz auf, der diesen bisherigen aber falsch befunde-
nen Grundsatz ersetzt, und die Grundlage einer ge-
nauern Theorie des Widerstands des Wassers abge-
geben hätte. Eben so wenig leitete man irgend
eine erhebliche Schlußfolge von den Versuchen ab,
die in England im Großen angestellt wurden. Herr
Chapmann war der erste, welcher auf seine Versuche, zugleich eine fruchtbare Theorie bauete, und
ein neues Licht über diese Materie verbreitete. Der
Beschreibung seiner Versuche und der Darstellung
seiner Theorie sind diese Blätter gewidmet.

Er ließ sich einen 68 Fuß langen, 15 Fuß
breiten und 4 Fuß tiefen Behälter verfertigen, der
aus dicken Bohlen zusammen gesetzt war, und den
er bis auf etwa 3 Zoll vom obern Rand mit Wasser anfüllte. Ausserhalb des Behälters war an der
innern Seitenwand seiner Breite eine ziemlich star-
ke Latte angebracht, an der sich ein Schieber befand,
der auf derselben auf und niedergeschoben werden
konnte. Am obern Ende des letztern befand sich
eine metallene Rolle von 2 Zoll im Durchmesser,
die sich um eine Axe von Stahl $\frac{1}{8}$ Zoll dick bewegte.
An eben dieser Wand innerhalb des Behälters

war eine ähnliche metallene Rolle angebracht, die gleichfalls auf und nieder, über und unter die Wasserfläche, geschoben werden konnte.

Ueber die Rollen ging ein aus seidenen Fäden gedrehetes Seil. Er brauchte deren zwey verschiedene deren jedes aus 4 Theilen bestand, und wovon jeder Theil 4 oder 3 Fäden hatte, je nachdem man dies Seil bey größern, oder jenes, bey kleinern Körpern anwenden wollte. In einer Entfernung von 6 Fuß von der metallenen Rolle, wurde ein Seil quer über den Behälter, und 30 Fuß davon, ein zweites auf die nemliche Art gezogen. Die 30 Fuß, welche der Körper zwischen diesen beyden Seilen durchlief, beobachtete er, die 32 Fuß jenseits blieben dem Körper, damit seine beschleunigende (*) Geschwindigkeit dadurch aufhöre, und er die 30 Fuß, auf die man das eigentliche Augenmerk richtete, mit gleichförmiger Geschwindigkeit zurücklegen könne, die 6 Fuß diesseits des ersten Seils überging Herr Chapmann aber, damit das in Bewegung gesetzte Wasser dem Körper durch sein Zurückstoßen nicht begegnen und sein Vorfahren also verzögern möge. Die Zeit, die der Körper brauchte, die 30 Fuß zwischen den beyden Seilen zu durchlaufen, beobachtete man mit einer Pendeluhr die halbe Sekunden zeigte.

(*) Die Gewichte, welche den Körper zogen, senkten sich nemlich mit beschleunigter Geschwindigkeit, wodurch dann der Körper natürlich so lange mit beschleunigter Geschwindigkeit nachfolgen mußte, bis der Widerstand, den ihm das Wasser entgegen setzte, der Beschleunigung gleich kam.

Zu den Versuchen bediente er sich der auf der
ersten Kupfertafel abgebildeten Körper. Fig. 1.
sind 14 verschiedene Körper alle 12 Zoll breit und
10 Zoll tief, und in gleichen Tiefen von gleich großen Durchschnittsflächen, damit sie gleiche Wassermassen aus ihrer Stelle verdrängten, wenn sie
gleich tief gingen. Der gerade Theil CD war ungleich lang, und der längste hatte 6 Zoll. Das
Ende B war aber für alle gleich und machte mit der
Mittellinie BA einen Winkel von 17° 34'. Das
Ende A machte ungleiche Winkel mit der Mittellinie von 90° bis 7° 8'. Fig. 2. sind 5 verschiedene sämmtlich gleich lange Körper. Zwischen der
Zusammensetzung der Dreiecke war eine parallele
Entfernung von 6 Zoll. Alle waren mit den Körpern Fig. 1. von gleicher Breite und Tiefe. Derjenige, dessen beide Enden einander gleich waren,
hatte einen Einfallswinkel von 14° 2'. Fig. 3.
besteht aus 5 Körpern, die alle gleichen Flächeninhalt ihrer gleich tief liegenden horizontalen Quer-
schnitte hatten, indem man ihre Länge desfalls pro-
portionirt vermehrte. Uebrigens waren sie sämmtlich von gleicher Breite und Tiefe mit den vorigen
und auch an beiden Enden einander gleich. Der
Einfallswinkel des einen Endes betrug 23° 58'
und des andern 9° 6'.

Fig. 4. ist ein Körper, dessen beide Enden gegen
den Horizont geneigt sind. Die Neigung des einen
Endes gegen den Horizont ist der Neigung eines der
Körper Fig. 1. gegen ihre Mittellinie gleich.

Fig. 5. ist ein Körper, dessen eines Ende A mit

mit dem Ende A Fig. 1. gleiche Größe und Figur
hat, deſſen anderes Ende aber dem Körper Fig. 4.
an ſeinem einen Ende gleich iſt. Von beiden Arten Körpern waren mehrere vorhanden.

Fig. 6 und 7. ſind Körper, deren eines Ende bogenförmig gebildet, das andere ein Dreyeck, wie
Fig. 1 iſt, und einen Einfallswinkel von 17° 34'
hat. Es waren ihrer 5 Stück von 15°, 30°,
45°, 60°, 90° Länge ihrer Bogen, die Längen
ſo abgemeſſen, daß die Durchſchnittsflächen der
gleich tiefen horizontalen Querſchnitte ſtets einander gleich, übrigens ſo breit und ſo tief waren, wie
alle vorigen. Man hatte auch einen Körper von
gleicher Größe mit dieſen verfertiget, deſſen beyde
Enden bogenförmig waren und 28° enthielten.

Fig. 8. iſt ein Körper, deſſen eines Ende parabel-
förmig gezogen iſt und den Scheitel an der Seite
hat, das andere Ende war mit dem Ende B Fig. 1.
gleich. Es waren ihrer zwey. Die Länge der Ordinaten, welche der Mittellinie gleichlaufend waren,
machen auf der einen Seite die Hälfte der Breite
des Körpers, auf der andern aber die halbe
Breite des Körpers 2½ mal aus. Uebrigens waren
ſie mit allen vorigen gleich breit und gleich tief.

Die Körper Fig. 9, 10 und 11. haben alle im
Waſſer gleiche Durchſchnittsflächen. Der Körper
Fig. 9. iſt 18 Zoll breit und geht 6 Zoll tief. Der
Körper Fig. 10. iſt 6 Zoll breit und geht 18 Zoll tief.
Fig. 11. iſt 12 Zoll breit und geht 9 Zoll tief. Ueber
das Waſſer ragen ſie 4 Zoll hervor. Das eine
Ende A machte, wie Fig. 12. zeigt, rechte Winkel

mit der Mittellinie, das andere Ende B aber bey allen dreyen einen Winkel von 22°.

Die Körper Fig. 13, 14, 15 und 16. haben alle gleiche Durchschnittsfläche im Waſſer und ſind 4 Fuß lang, 1 Fuß breit. Fig. 13 und 14. gingen ½ Fuß tief.

Eben ſo hatte Herr Chapmann auf beyden Seiten abgeſpitzte Körper von 4, 5 bis 6 Fuß Länge, 1½ Fuß Breite und eben ſo viel Tiefe, und 2 Parallelepipeden von 1 Fuß Breite, und das eine von 4 das andere von 8 Fuß Länge, ſie gingen ½ Fuß tief.

Bey allen Körpern, mit denen man Verſuche anſtellte, war auf beyden Seiten eine ſchwarze Linie gezogen, anzudeuten, wie tief ſie im Waſſer gehen ſollten. An beyden Enden und Seiten waren auch in einer Entfernung von ½ Decimalzoll mit der Waſſerlinie gleichlaufende rothe Linien gezogen, anzudeuten, wie hoch das Waſſer gegen die Enden des Körpers geſtiegen ſey, indem er die abgemeſſene Entfernung von 30 Fuß durchlief. Dies Steigen des Waſſers konnte um ſo genauer bemerkt werden, da der Körper nicht über 7½ Fuß vom Auge entfernt ſeyn konnte.

Mit den beſchriebenen Körpern, die ſich auf 66 Stück beliefen, machte er nun, und zwar oft mit mehrern zugleich, Verſuche, mit 4 bis 5 verſchiedenen Schweren und 4 bis 5 verſchiedenen Geſchwindigkeiten, und wiederholte dabey jeden Verſuch 4 mal. Bey allen folgenden Verſuchen waren die

Körper mit gegossenen Bleyklumpen so belastet, daß sie ⅟₇ Fuß tief gingen.

Seinen ersten Versuch stellte Herr Chapmann mit den Körpern Fig. 1; und zwar mit ungleicher Geschwindigkeit von 1 bis 8 Fuß in der Sekunde an, wobey das Ende A vorwärts gekehrt war. Man fand, daß wie die Geschwindigkeit zunahm, auch der Widerstand bey stumpfen Winkeln in größerm Verhältniß zunahm, als er bey spitzigen abnahm.

Bey 3 bis 4 Fuß Geschwindigkeit in der Sekunde erfuhren die Körper von 90° bis 45° Einfallswinkel, einen Widerstand wie beinahe das Quadrat des Einfallswinkels; die mehr zugespitzten Körper erfuhren aber einen Widerstand der weit größer war, als sie nach Verhältniß des Quadra's vom Sinus ihres Einfallswinkels gesollt hätten; und diese Veränderung litt einen starken Abbruch beym Körper von 45° Einfallswinkel, auf dieselbe Art wie bey d'Alembert u. s. w. Dies schien Herrn Chapmann eine Ungereimtheit zu seyn und ließ ihn auf einen begangenen Fehler schließen, er hielt daher mit den Versuchen ein, ihn in der Folge zu entdecken. Bey den Versuchen mit denselben Körpern, wenn man das Ende B nach vorne zu kehrte, leisteten alle von 90° bis 26° 34′ gleichen Widerstand, oder sie liefen die 30 Fuß in gleichen Zeiten hindurch, die ziehende Kraft mochte groß oder klein seyn.

Hierbey muß bemerkt werden, daß die Körper von 90° bis 45° Einfallswinkel ohne Ruder gerade

vorwärts gehen konnten; die Körper von 45° bis
26° 34′ konnten aber ohne Ruder nicht gerade
vorwärts gehen, sondern wichen entweder rechts oder
links von ihrer Bahn, und der letzte am meisten.
Daher mußten alle Körper von 45° bis 26° 34′
Einfallswinkel mit Rudern von 10 Zoll Breite versehen werden; Körper welche spitziger zugingen als
unter dem Einfallswinkel von 26° 34′, erfuhren einen geringern; diejenigen die noch spitziger waren,
einen noch geringern, und alle diejenigen, welche einen Einfallswinkel von 14° 23′ und 11° 55′
hatten, den allergeringsten Widerstand. Alle, deren
Einfallswinkel kleiner, als 26° 34′ war, gingen
gerade vorwärts ohne Ruder zu bedürfen. Alles
dies schien sehr paradox und Herr Chapmann ver-
mochte sich nicht darin zu finden. Daß sich der
Widerstand mit der Verminderung des Einfallswinkels vermindere, davon glaubte er eine Ursache an-
geben zu können, seine ganze Idee schwand aber wieder dahin, da die Körper von 14° 32′ und 11°
55′ gleichen Widerstand erfuhren.

Ob er nun gleich bey allem Nachdenken nicht
entdecken konnte, daß er einen Fehler begangen habe, so hörte er doch zum zweiten mal mit seinen
Versuchen auf, in der Hoffnung, im Lauf der folgenden Versuche, die Ursache aller dieser Sonderbarkeiten
zu entdecken.

Ausserdem ereignete sich folgender Umstand,
welcher Aufmerksamkeit verdient.

Das stumpfe Ende, oder das Ende, dem der
Schwerpunkt des Körpers am nächsten lag, stürzte

immer

immer nieder, da das spißere Ende aufstieg, und
dieses Niederstürzen und Aufsteigen nahm zu, wie
die Geschwindigkeit zunahm, und zwar ohne allen
Unterschied, das stumpfe oder das spißere Ende
mochte vorangehen. Ja man sah, wenn das stumpfe Ende voranging, sich genöthiget, obgleich das
Seil, das den Körper alsdann zog, an den untern
Rand der Seitenwand befestiget war, den Ballast
gegen das spißige Ende zu legen, um den Körper
horizontal zu erhalten, wenn er die erwähnten 30
Fuß durchlief. Ging umgekehrt das spißere Ende voran, so mußte man gleichfalls den Ballast vor-
schieben, ohngeachtet das Seil alsdann am obern
Rande befestiget war. Eine Stürzung von etwa
3° schien den Körper im Vorfahren indessen nicht
sehr zu hindern.

Bey den Versuchen mit den Körpern Fig. 4. ergab sich dasselbe, wie bey den Versuchen mit den
Körper Fig. 1. Sie erfuhren denselben Widerstand wie diese, da ihre Enden so gegen den Wasser-
spiegel geneigt waren, als diese Körper Neigungen
mit ihrer Mittellinie machten.

Für den Hintertheil machte mehr oder weniger
Neigung keinen Unterschied im Hervorfahren, bis
die Neigung 26° 34' betrug; war die Neigung
größer, so gingen sie auf dieselbe Art geschwinder,
als die vorhergehenden. Diese Körper gingen von
45° bis 17° 34' herab.

Mit ihrem Niederstürzen verhielt es sich auf dieselbe Art wie mit dem Niederstürzen der vorigen, sie

B.

konnten indeß ohne Ruder ziemlich grade vorwärts gehn.

Von Fig. 5. waren blos 3 Körper. Der Widerstand bey allen dreyen war gleich, welches Ende auch voran ging.

Nachdem wurden Versuche mit den Körpern Fig. 9, 10 und 11. angestellt. Fig. 12. bedeutet die Durchschnittsfläche dieser Körper. Ging das spitze Ende B voran, so war der Widerstand für alle beynahe gleich. Die Geschwindigkeit mochte auch größer oder kleiner seyn. Ging A voran, so war der Widerstand bey kleinen Geschwindigkeiten für alle beynahe gleich, bey größeren Geschwindigkeiten aber ging der Körper Fig. 9, der am breitesten war, sehr langsam, und der Körper Fig. 10, der tief und schmahl war, unter allen dreyen am geschwindesten. Er fand vermittelst dieser Versuche also:

1) Bey Körpern von ungleicher Breite, aber gleichen Einfallswinkeln und gleichen Geschwindigkeiten, steigt das Wasser bey allen gleich hoch, die Breite hat also keinen Einfluß auf das Steigen des Wassers.

2) Bey Körpern von gleicher oder ungleicher Breite, gleichen Einfallswinkeln, aber ungleichen Geschwindigkeiten, steigt das Wasser bey dem geschwinder gehenden höher.

Man bemerkte es, wenn die beschleunigende Geschwindigkeit vorbey war, weil das

Waffer, bey der gleichförmigen Geſchwindigkeit ſtets gleich hoch ſtand.

3) Bey Körpern von gleicher oder ungleicher
Breite, gleichen Geſchwindigkeiten, aber
ungleichen Einfallswinkeln, ſtieg das
Waſſer am höchſten, bey denen die den
größten Einfallswinkel hatten, und zwar
in Proportion zu dem Ausdruck für den
Widerſtand des Waſſers für das vorder-
ſte Ende, ehe es mit der Projektion multiplicirt iſt.

Bey einem Körper, deſſen Einfallswinkel
90° und deſſen Geſchwindigkeit in der Sekunde
3½ Fuß war, ſtieg das Waſſer 3¼ Decimal-Zoll.
Iſt alſo ein Körper 40 mal ſo breit und 40 mal ſo
tief wie dieſer, ſo ſoll das Waſſer nicht höher als
3¼ Zoll, bey einer Geſchwindigkeit von 3½ Fuß ſtei-
gen. Der kleine Körper, womit der Verſuch gemacht wurde, war ½ Fuß tief. Es verhält ſich alſo
ſeine Tiefe zum Steigen des Waſſers wie 500 :
325. Beym großen Körper verhält ſich aber ſeine
Tiefe zum Steigen des Waſſers wie 20000 : 325,
d. i. er geht blos $\frac{1}{61}$ ſeiner Höhe tief.

Weil nun das Steigen des Waſſers bey Schiffen z. B. nicht viel von Bedeutung iſt; ſo verwandelte
Herr Chapmann die Tiefe ſeiner Modelle; ſo daß
der obere Rand derſelben wenig vom Waſſerſpiegel
abſtand.

Alle Körper, Fig. 1, 2, 3, 4, 5, 6, 7 und
8, die 10 Zoll hoch waren, wurden um ⅓ Fuß oder

8 Zoll, die Körper, Fig. 9, 10 und 11 aber gerade bis zur Wasserlinie abgenommen. Alle wurden
mit einem Dache bedeckt, das $\frac{1}{4}$ Zoll über den obern
Rand des Körpers hervorragte, welches die Höhe
war, die alle Körper über dem Wasser hatten, wenn
sie mit Gewichten belastet waren. In jedem Dache wurden 2 bis 3 viereckigte Oeffnungen gemacht,
wodurch man den Ballast in sie hineinlegte, und
die nachher verstopft und mit Oehlfarbe überstrichen
wurden. Die horizontale Lage jedesmal zu erhalten, wurde ein Bleyklumpen auf das Dach gelegt,
der nach Erforderniß der Umstände jedesmal ver-
schoben werden konnte. Damit dieser Bleyklumpen aber kein Hinderniß mache, wenn das Wasser
über das Dach bey irgend einer Geschwindigkeit gin-
ge, so wurde er dünn geklopft und etwas zugespitzt.

Bey Wiederhohlung der Versuche fand man
nun: Wenn das Ende A Fig. 1. voran ging, so
war der Widerstand bey den Körpern 90° bis 45°
von dem Widerstande, den man bey den ersten Versuchen beobachtete, sehr verschieden. Bey den
spitzern Körpern fand man indessen keinen beträcht-
lichen Unterschied. Nahm man das Ende B voran,
so verhielt es sich wie bey den erstern Versuchen.
Körper von 90° bis 26° 34' erfuhren alle gleichen Widerstand, die Geschwindigkeit, womit sie
sich bewegten, mochte groß oder klein seyn. Der
Körper von dem Einfallswinkel von 24° 48' er-
fuhr weniger Widerstand, als der Winkel von
26° 34'; der von 17° 34' noch weniger; der
von 14° 23' noch weniger, und der von

11° 55′ denselben wie der ebengenannte. Wie
man mit den Versuchen fortfuhr, fand man,
daß der Winkel von 9° 28′ einen größern Widerstand erfahre, als die beyden vorigen, der von
8° 8′ noch größern, und der von 7° 8′ noch größern, die Geschwindigkeit mochte jedesmal eine
größere oder eine kleinere seyn. Hieraus schloß er,
daß eine gewisse Form des Körpers ein Minimum im
Widerstande verursache, und daß dies Minimum
zwischen 11° 55′ und 14° 23′ liege. Man würde dies auch bey den ersten Versuchen gefunden haben, da aber Herr Chapmann glaubte, daß der
Widerstand stets abnehme, wie das Hintertheil
spitzer zuginge, und kein solches Minimum vermu-
thete, so hielt er diese Erscheinung damals für etwas, das auf eine Ungereimtheit führe. Die
Versuche wurden nun mit allen andern Körpern,
die verändert und mit Dächern versehen worden waren, fortgesetzt. Eben so machte man weitere Versuche mit den Körpern Fig. 1, wo man das Ende B
wegschnitt, daß sie stumpf wurden, wie C.

Bey den Körpern Fig. 9, 10 und 11, von denen
man alles, was über die Wasserfläche reichte, hinweg-
genommen hatte, war der Widerstand für alle 3,
bey großen und kleinen Geschwindigkeiten stets
gleich.

Bey großen Modellen fand man nichts anders
zu bemerken, als daß der Widerstand in dem Verhältniß zunimmt, wie ihre Durchschnittsfläche größer wird, und daß der stumpfste von ihnen mit seiner Mittellinie einen Winkel von 22° machte.

Bey den Parallelepipeden, die gleiche Durchschnittsflächen hatten, wo aber die Länge des einen,
das Zwiefache der Länge des andern war, fand man
den Widerstand, wie die beschleunigende Geschwindigkeit aufhörte, gleich.

Mit jedem Körper wurden 32 Versuche angestellt, nemlich 4 Versuche, das Ende B vorne und
dann wieder 4 Versuche das Ende A vorne, jedesmal mit einem andern Gewichte, überhaupt also
mit 4 verschiedenen Gewichten belastet, und jeder
Versuch wurde 4 mal wiederholt.

Nachdem alle Versuche gemacht waren und er
die Gewichte die die Körper zogen, und die Zeit,
in welcher sie die 30 Fuß durchliefen, gehörig bemerkt hatte, war es sehr leicht die Geschwindigkeit
zu finden; weil er aber so viele verschiedene Geschwindigkeiten bekam, als er Versuche angestellt
hatte, und weil er das Verhältniß des Wiederstan-
des unmöglich ausdrücken konnte, ohne für alle
Körper eine und dieselbe Geschwindigkeit zum vor-
auszusetzen, so fand er es unumgänglich nöthig,
eine Methode zu ersinnen, wodurch er dieselbe erhielt. Weil nun der alte Grundsatz, daß sich der
Widerstand wie das Quadrat der Geschwindigkeit
verhalte, eben so falsch ist, als der auf die falsche
Voraussetzung gegründete andere Grundsatz, daß er
sich wie das Quadrat vom Sinus des Einfallswinkels verhalte, so bediente er sich noch folgender Methode, das Gewicht zu finden.

Weil hier nicht die Rede vom absoluten Widerstand ist, sondern blos vom relativen, so ist es nicht

nöthig auf die Friktion der metallenen Scheiben Rückſicht zu nehmen, da ſie immer im Verhältniſſe zu den Gewichten oder dem Widerſtande ſteht.

Man ziehe zwey Linien A B und A C ſenkrecht auf einander (Fig. 17), neben A B zeichne man hierauf eine Skale die Loth bedeutet, und bey A ihren Anfang nimmt. Neben A C wird eine gleiche Skale gezeichnet, die da Fuß bezeichnet, und dabey zugleich die Zehntheile eines Fußes ausdrückt, ſie nimmt gleichfalls ihren Anfang bey A. Wenn man nun 3 Körper X, Y, Z (die Linien, welche durch dieſe Buchſtaben bezeichnet werden, ſind nicht die Zeichen der Körper ſelbſt, ſondern ihres Widerſtandes,) nimmt, und den Körper X drey ungleiche Gewichte in Lothen hervorzögen, die auf der Skale durch die Weiten A D, A E und A F bezeichnet wären, ſo ziehe man aus D, E, F die Linien D U, E W, F I, parallel mit A C, und bringe auf dieſe 3 Linien die Geſchwindigkeiten in Fuß, die man auf der Skale bey A C genommen hat, auf jede nehmlich die mit dieſer Schwere übereinſtimmende Geſchwindigkeit, als D G, E H, F I. Da nun die Geſchwindigkeit = o iſt, wenn man die ziehende Kraft = o hat, ſo ziehe man eine Linie durch alle vier Punkte A, G, H, I, ſie mag gerade oder krumm ſeyn; ſo iſt klar, daß jeder Punkt dieſer Linie ein Verhältniß der Geſchwindigkeit zu der ziehenden Kraft oder dem Widerſtand ausdrückt. Es ſeyen nun zwey andere Körper Y, Z, entweder durch andere Gewichte, oder mit den nehmlichen hervorgezogen worden, mit denen der Körper X her-

vorgezogen wurde, so trage man im letztern Fall
ihre Geschwindigkeit wie vorhin, auf die Linien
DU, EW, FI, u. s. w. für Y nehmlich DK,
EL, FM, für Z endlich DN, EO, FP. Man
ziehe nun eine Linie durch AKLM und eine andere
durch ANOP, so drückt wieder wie vorher jeder
Punkt dieser beyden Linien ein Verhältniß der Geschwindigkeit zu dem Widerstand aus.

Will man nun das Verhältniß des Widerstandes für alle diese 3 Körper wissen, wenn man für
alle eine und dieselbe Geschwindigkeit annimmt, die'
$= AQ$ seyn mag, so ziehe man QB' parallel AB,
so bezeichnet QR den Widerstand vom Körper X,
QS den Widerstand vom Körper Y, QT den Widerstand vom Körper Z. Bringt man diese Entfernungen wieder auf die Skale neben AB, so wird
der Widerstand in Loth ausgedrückt.

Auf diese Art hat er den Widerstand für alle Körper bey diesen Versuchen gefunden, da die beständige
Geschwindigkeit zu 2 Fuß auf die Sekunde genommen wurde.

Als alle Versuche geendigt waren, stand noch
das Beschwerlichste zurück, nehmlich eine allgemeine Regel oder ein allgemeines Gesetz zu finden,
das den relativen Widerstand ausdrückte, den Körper leiden, wenn sie durch Wasser gerade vorwärts
gezogen werden. Das schwierigste war nun hierbey, daß der bey den Versuchen gefundene Widerstand stets der Summe des Effekts des Wassers für
beyde Enden zugleich war, da man doch den Effekt

des Wassers für ein jedes Ende besonders bestimmen wollte.

Vor allen Dingen zog es nun hierbey Herrn
Chapmanns Aufmerksamkeit auf sich, daß der Effekt des Wassers auf den hintersten Theil, das Hervorfahren zu hindern, stets ein und derselbe blieb,
wenn auch der Winkel von 90° bis 26° 34' abnahm, daß er hierauf vermindert wurde, und endlich wieder zunahm. Was er zuerst in Hinsicht darauf zum voraussetzte, war, daß der gleiche Effekt
des Wassers auf den Hintertheil, nicht verzögernd
sey, sondern daß das Wasser dicht nach dem Körper
folge, ohne auf ihn einzuwirken, und wenn der
Körper hinten noch spitzer zuging, daß das Wasser
alsdann Kraft besäße, zu seinem Hervorfahren bey-
zutragen. Die Erfahrung belehrte ihn aber bald,
daß diese Voraussetzung falsch sey, und daß das
Wasser, welches auf den Hintertheil des Körpers
wirkte, allerdings die Geschwindigkeit desselben
verzögere.

Nun zog er den Effekt des Wassers auf das vordere Ende in Erwägung.

Die Versuche belehrten ihn hier nun gleich,
daß zwischen Körpern von größern oder kleinern Einfallswinkeln, nicht viel Unterschied im Widerstand,
und auch bey weitem nicht derjenige statt finde, den
die Quadrate der Sinusse von den Einfallswinkeln
ergeben. Er glaubte nun der Widerstand bey 45°
werde einen hohen Werth geben, und mit 0°. ver-
schwinden, aber dies letztere war der Fall nicht.
Der Widerstand bey kleinern Winkeln fiel größer,

und hörte, wenn der Einfallswinkel == o wurde,
nicht auf, eine bedeutende Größe zu seyn, aber der Effekt blieb o, da die Projektion == o wär. Es er-
eigneten sich also folgende beyde besondere Umstände.

1) Daß der Hintertheil des Körpers so ungleiche
Hindernisse im Hervorfahren machte.

2) Daß wenn der Einfallswinkel für das vordere
Ende == o war, der Widerstand doch nicht
aufhörte.

Die Ursachen hiervon suchte er nun in den phy-
sischen Eigenschaften des Wassers auf; nehmlich in
der Attraktion der einzelnen Theile des Wassers zu
einander, und der Kohäsion mit andern Körpern
und einem gewissen Grad von Tenacität.

Man sieht, daß ein Wassertropfen, wenn er in
mehrere zerfällt, eine sphäroidische Form annehme,
und dieselbe lange behalten kann, ehe er auseinan-
der gehe, und daß z. B. mit einem Strick, der geschwinde aus dem Wasser gezogen wird, immer eine ansehnliche Menge Wasser mit folge, und zwar
in Proportion zu der Geschwindigkeit; wovon weder das eine noch das andere geschehen würde, wenn
das Wasser nicht zugleich, sowohl Attraktion, als
Kohäsion und Tenacität hätte. Weil aber die letztere gering und klein und die Kohäsion dagegen sehr
beträchtlich ist, so nennt er die Kohäsion und Tenacität zusammengenommen Kohäsionskraft, und setzt
in sie die retardirende (verzögernde) Wirkung, die
auf den Hintertheil wirkt. Die Kohäsion des Wassers ist es also, welche den Effekt hat, den Hinter-

theil des Körpers zu retardiren (verzögern) und zum Theil sein Hervorfahren zu hindern, sollte auch der Einfallswinkel des Vordertheils = o seyn.

Nun muß noch untersucht werden, wie viel von der Kohäsionskraft (das Vorfahren zu hindern) auf den Vordertheil des Körpers und wieviel auf den Hintertheil verwendet werde.

Es wurde schon vorhin bemerkt, daß bey einem Einfallswinkel des vordern Endes = o, der Widerstand doch fortfahre eine bedeutende Größe zu seyn, oder daß alsdann noch eine Kraft vorhanden sey, das Fortfahren des Körpers zu hindern, daß diese Kraft im Wasser liege, und von der Kohäsionskraft herrühre.

Man setze nun den hintern Theil des Körpers so scharf, daß sein Einfallswinkel = o ist. Sind also beyde Einfallswinkel = o, so ist es als wenn beyde Kräfte parallel mit einer geraden Linie wirkten. Man nehme also an, daß eine gerade Linie in 2 Theile getheilet wäre, wovon die eine Hälfte den Vordertheil, die andere Hälfte den Hintertheil vorstellte, so ist es klar, daß der Effekt des Wassers auf die eine Hälfte gleich ist mit dem Effekt desselben auf den andern Theil, oder daß der Effekt des Wassers derselbe ist, seine Richtung gehe von der rechten zur linken, oder umgekehrt. Folglich hat die ganze Kohäsionskraft denselben Effekt auf das sogenannte Hintertheil, als auf das Vordertheil. Aus den Versuchen ergab sich nun, daß die Kohäsionskraft auf den Hintertheil, vom Einfallswinkel = o an vermindert wird, wie der Einfallswinkel zunimmt, bis er zwischen 1 1 9

55′ und 14° 23′ fällt, dann fängt die Kohäsionskraft wieder an zuzunehmen, so daß wenn der Einfallswinkel = 26° 34′ ist, die Kohäsionskraft aber-
mahls ihre größte Wirkung thut, das Vorfahren zu
verhindern, und diese Wirkung ist dieselbe oder
gleich groß, für alle größere Einfallswinkel.

Für das vorderste Ende des Körpers ist es ganz
anders beschaffen: es sind dann zwey Kräfte, welche auf den Körper wirken, nemlich: die physi-
sche = oder Kohäsionskraft und eine mechanische
oder drückende Kraft.

Wenn die drückende Kraft, oder das Quabrät
vom Sinus des Einfallswinkels = 0 ist, alsdann
wirkt die Kohäsion mit ihrer ganzen Kraft, um das
Vorfahren des Körpers zu hindern, wie aber der
Neigungswinkel zunimmt, und der Theil von der
Kraft des Wassers, welcher durch (Sinus)^2 ausgedrückt wird, nach der Länge der Seitenwände des
Körpers wirkt, wird die Kohäsionskraft vermindert,
so daß, wenn der Einfallswinkel 45° erreicht hat,
die Kohäsionskraft ganz und gar aus dem Wege ge-
räumt ist. Die Druckkraft nach den Seiten ist
alsdann ein Maximum, und der Körper treibt nun
das Wasser vor sich her; welche Art Druck immer
mehr und mehr zunimmt, bis der Einfallswinkel
90° erreicht hat.

Es muß hierbey bemerkt werden, daß das Wasser, welches vor dem Körper hergeführt wird, sich
nachher nach und nach auf die Seiten verbreitet,
wovon die Folge ist, daß wenn das vorderste Ende
des Körpers nach einer geraden Linie geführt wird,

und der Einfallswinkel 45° und darüber beträgt,
daß alsdann eine längere Linie mehr Widerstand lei-
stet, als eine kürzere, weil das Wasser, das dem
mittlern Theil des Körpers am nächsten ist, nicht so
geschwind ausweichen kann, da diese Ausweichung
durch das Aussenwasser gehindert wird, so daß das
Wasser, welches der Mitte des Körpers am nächsten
liegt, weiter vorwärts geführt werden und sich anhäufen muß, wodurch der Widerstand zum Theil
vermehrt wird. Daher können konvexe Körper,
mit Körpern von triangulairer Form nicht verglichen
werden, sobald diese einen größern Einfallswinkel als von 45° haben, und niemals mit konka-
ven. Aber der Widerstand von allen geradlinig-
ten Körpern, deren Einfallswinkel größer als 45°
sind, ist einer Vergleichung fähig, weil es bey allen von einer und derselben Natur ist. Eben so
kann man in Hinsicht auf den Widerstand Körper
mit einander vergleichen, deren Einfallswinkel kleiner als 45° sind, nicht aber mit solchen, die Einfallswinkel haben, die größer als 45° sind.
Alles dieses bezieht sich auf das vordere Ende.

Aus allen Versuchen ergab sich nun folgendes
Resultat:

1) Für Einfallswinkel gegen das vordere Ende,
vom unendlich kleinen an bis zu 45°, ist der
relative Widerstand für das vordere Ende,
wenn der Einfallswinkel w heißt, wie (Si-
nus w)² + Sin. 45° — $\frac{R}{2 \, Cof. \, w}$ multiplicirt
in die Projektion.

2) Wenn der Einfallswinkel größer ist, wie

$$\frac{R}{2} + \frac{Sin.w}{2R}\left(Sin.\ 45° - \frac{R}{2Sin.w}\right)\ \text{mul-}$$

tiplicirt in die Projektion.

R bedeutet den Radius oder Sinus totus.

3) Für das hinterste Ende ist der Effekt des Waſſers, das Hervorfahren des Körpers zu hindern, wenn der Einfallswinkel $= v$ iſt, wie

$$Sin.\ 45° - \frac{R}{2} - \frac{3\frac{1}{2}[(Tang.\ 26°\ 34' - v)Sin.v]}{R^2}$$

in die Projection multiplicirt.

Man findet hieraus, daß der Effekt des Waſſers auf das hinterste Ende, sein Hervorfahren zu hindern, ein Minimum iſt, wenn dieses Ende mit seiner Mittellinie einen Winkel von 13° 17′ macht.

Den Werth dieser Formel lehrt er nun durch eine geometriſche Konstruktion finden, woraus sich der Widerstand für alle Körper ohne einen langen Kalkul ergibt. Man ziehe AB (Fig. 18), theile dieselbe in 2 gleiche Theile und beschreibe aus C den Halbzirkel ADB. In A errichte man AE senkrecht auf AB. Wenn man in C und B die Linien CD, BF senkrecht auf AB, und EF parallel mit AE, und alsdann die Diagonale AF zieht, so ist der Winkel AFE $= 26°\ 34'$.

Aus A ziehe man AD, und beschreibe aus diesem Punkt mit dem Radius AD den Bogen GDH, und aus B mit demselben Radius den Bogen DI, so sind AG, AD, AH, und BI, sämmtlich dem Sinus von 45° gleich.

Aus A ziehe man AK, und mache BAK
= w, so ist ML = Sinus 45° — $\frac{R}{2\,\text{Cos.w}}$
und ON, CG das nemliche zu ihren Winkeln.

Man nehme CG, ML, ON u. s. w. und
schneide auf den verlängerten Radien aus den Punkten B, K, P' in welchen sie den Halbkreis ADB
schneiden, BP = CG, KQ = ML und P'R
= ON ab. Durch die auf diese Art bestimmten
Punkte D, R, Q, P, ziehe man die krumme Linie DRQP, so sind alle Entfernungen wie PB,
KQ, P'R u. s. w. zwischen der krummen Linie
DRQP, und dem Zirkelbogen DP'KB = Sin.

45° — $\frac{R}{2\,\text{Cos.w}}$ welches die Kohäsionskraft für alle
Einfallswinkel des vordern Theils des Körpers ist.

Nun sind KS, PT, DF = den Quadraten
vom Sinus zu seinen übereinstimmenden Winkeln,
daher nehme man KU = KS, PW = P'T
und DX = DF, und ziehe durch diese Punkte die
krumme Linie BUWX, so sind die Entfernungen
dieser krummen Linien von dem Zirkelbogen =
$(\text{Sin.w})^2$ und die Entfernungen der krummen Linien
PQRD von BUWX = $(\text{Sin.w})^2$ + Sin. 45° —
$\frac{R}{2\,\text{Cos.w}}$ welches der Widerstand von allen Winkeln
von 0° bis 45° ist.

Aus irgend einem Punkt N auf dem Zirkelbogen DG, nehme man ND und mache DY =
ND. Aus A ziehe man AY verlängert, aus
dem Punkt Z, wo diese Linie den Kreis schneidet,

ziehe man BZ, so ist dies der Sin. vom Winkel
BAZ = w. Man ziehe aus a, wo die Linie
BZ den Bogen DI schneidet, die Linie a b paral-
lel mit EF, so ist die Hälfte von ad = de =
$\frac{Sin.w}{2R} \times \left(Sin. 45° - \frac{R}{2 Sin.w} \right)$.

Zieht man aus Y, Yf, perpendikulair gegen
EF, so ist das Dreyeck Yfg ≙ dem Dreyeck adO.
Zwischen der geraden Linie DE, und dem Zirkelbogen DH, ziehe mehrere Linien parallel mit Yf,
und durch ihre Hälften wie h, i, ziehe die gerade
Linie Dhi, so ist Yh = de. Beschreibe aus
dem Mittelpunkt A mit dem Halbmesser AX den
Bogen Xml, so sind DX, Ym, Hl u. s. w. alle
dem halben Radius DF gleich.

Weil Yk (ohne merklichen Fehler) = Yh genommen werden kann, so sind die Entfernungen der
krummen Linien Dki und Xml, wie DX, km, il
u. s. w. alle $= \frac{R}{2} + \frac{Sin.w}{2R} \times \left(45° - \frac{R}{2 Cof. w} \right)$
welches der Widerstand für alle Einfallswinkel, für
das vorderste Ende des Körpers, von 45° bis 90°
ist. Also ist der Widerstand des ganzen Vordertheils des Körpers für alle Winkel gleich mit den
Entfernungen zwischen der krummen Linie PRDki
und BWXml.

Die Kohäsionskraft auf das hinterste Ende des
Körpers findet man auf folgende Art. Weil die
Kohäsionskraft für die beyden Enden des Körpers
gleich, und am größten ist beym Einfallswinkel

fel = 0 und = 26° 34′, welches der Winkel BAF ist, so nehme man die Entfernung BP = der ganzen Kohäsionskraft = Sin. 45° − $\frac{R}{2}$ und trage BP auf AF von P′ nach n, so daß von P aus P′n = BP wird, und eben so aus allen Punkten des Bogens BKP′, wie Kp u. s. w. und ziehe durch alle Punkte Ppn die krumme Linie Ppn.

Da indeffen diese Linie ohne merklichen Fehler als ein Zirkelbogen angesehen werden kann, so wird es nicht schwer seyn, den Mittelpunkt dieses Bogens auf AB zu finden. In Rücksicht auf die Punkte P und n, sind sowohl Abscissen als Ordinaten zu diesem Bogen bekannt.

Wir wollen zum voraussetzen, daß der Einfallswinkel BAK = v sey, und BP′ ziehen; so ist Kq = Tang. $\frac{(26° 34′ − v.) \, Sin. \, v.}{R^2}$

Man nehme $3\frac{1}{2}$ mal Kq, trage diese Größe von K nach r, und thue dasselbe auf mehrern aus A gezogenen Radien, zwischen AB und AP′. Durch alle Punkte BrP′ u. s. w. ziehe man die krumme Linie BrP′, so sind alle Entfernungen Kr u. s. w. = $3\frac{1}{2}$ Tang. $\frac{(26° 34′ − v) \, Sin. \, v.}{R^2}$ und alle Entfernungen PB, pr, nP′ u. s. w. = Sin. 45° − $\frac{R}{2}$ − $3\frac{1}{2}$ $\frac{(Tang. \, 26° 34′ − v.) \, Sin. \, v.}{R^2}$ welches die Kohäsionskraft für alle Winkel auf das hinterste Ende des Körpers ist, das Vorfahren zu verhindern.

C

Wenn v $= 26° 34'$, so ist $3\frac{1}{4}$ Tang. $\frac{(26° 34' - v) \, \text{Sin. v.}}{R^2} = 0$, wo alsdenn die ganze Koħä-sionskraft von $26° 34'$ bis $90°$ beständig $=$ Sin. $45° - \frac{R}{2} = nP$ ist.

Nachdem man auf diese Art ein allgemeines Gesetz für den Widerstand des Wassers erhalten hat, muß gezeigt werden, wie das Wasser nach diesem Gesetze auf ungleich formirte Körper wirke, um daraus zu finden, wie sich der Widerstand verändert, wenn dies oder jenes Ende voran geht, oder wenn das eine Ende aus einer andern Art Linie formirt ist, als das andere Ende.

Hierzu nahm Herr Chapmann drey Arten von Linien, nehmlich, Zirkelbogen, konische Parabeln (bey denen er voraussetzte daß sie in der Richtung der Ordinaten vorwärts geführt wurden) und gradlinigte Dreyecke, 11 Stück von jeder Art.

Der Widerstand dieser Körper wurde auf eine mechanische Art gefunden. Man theilte den Zirkelbogen in 10 gleich große Theile, oder dividirte die Anzahl der Grade, die er enthielte, durch 10, worauf man die Abscissen für jeden Theil fand, und dadurch die Projektion für denselben erhielt.

Nachdem suchte man die Tangenten für jeden Theil, die zu dem Halbirungspunkt jedes Theils gehören, um daraus die Anzahl der Grade für jeden Einfallswinkel eines jeden Theils zu finden.

D

Daß der Bogen in Polygone eingetheilt wurde, ist genau genug, weil in der Ausübung, auf der Oberfläche eines Schiffs z. B., auf eine größere Genauigkeit nicht Rücksicht genommen werden kann.

Hat man nun z. B. einen Einfallswinkel von 14° 15′, so zieht man aus dem Mittelpunkt A (Fig. 18) nach A′ die Linie AA′, welche 14° 15′ auf dem Quadranten abschneidet; U Q ist dann der Widerstand, wenn vom Vordertheil des Körpers die Rede ist, und r p wenn das Hintertheil in Anspruch kömmt. Die Entfernungen werden auf einer Skale genommen, wovon 40 = AB, für den Radius oder Sinus totus angesehen wird. Multiplicirt man diese Entfernung in die übereinstimmende Projektion, so hat man den Effekt des Widerstandes des Wassers auf diese Stellen.

Auf dieselbe Art verfährt man bey allen Zehntheilen oder Projektionen. Die Summe dieser Produkte gibt den Effekt des Wassers für jedes Ende an, sein Hervorfahren zu hindern.

Auf diese Art fand er, daß für Körper No. V. in der ersten Tabelle der Widerstand für das vorderste Ende = 260 ist, und der Effekt des Wassers auf das hinterste Ende, das Hervorfahren zu hindern = 106. Eben so für den Körper No. VIII ist der ganze Widerstand für das vordere Ende = 218 und für das hinterste Ende = 55. Fügt man nun den Körper No. V mit dem Körper No. VIII zusammen, so findet man in derselben Tabelle, wenn das Ende No. V zuerst geht und No. VIII hinten, daß alsdenn der ganze Widerstand

== 3 1 5 ift, das Ende No. VIII zuerst und No. V hinten, gibt den ganzen Widerstand == 324. Hieraus ergibt sich, daß ein Körper von dieser Form weniger Widerstand erfahre, wenn das stumpfe Ende, als wenn das spitze zuerst geht. Fügt man dagegen die Körper No. III uud No. VI zusammen, so ist der Widerstand, wenn No. III das vordere Ende ist == 425, und wenn man No. VI dazu nimmt == 379. Dieser Körper erfährt weniger Widerstand wenn das spitze, als wenn das stumpfe Ende zuerst geht. Fügt man endlich die Körper No. VI und No. X zusammen, so ist der Widerstand ganz gleich, welches Ende auch zuerst gehe.

Dies erklärt die Fälle, die man bisher für paradox ansah. In Rücksicht auf die parabolischen Figuren Tabelle II. nehme man ihre Projektionen gleich den Projektionen der übereinstimmenden Zirkelbogen, und operire, nachdem man die Einfallswinkel gesucht hat, wie bey den Zirkelbogen.

Für die Dreiecke Tabelle III. sind die Einfallswinkel die Hälfte der Anzahl der Grade der Zirkelbogen, welche, in die Breite multiplicirt, den ganzen Widerstand geben. Auf diese Art findet man, daß für das Dreieck No. 3 der Widerstand für das vordere Ende == 286 und für das hinterste == 166 ist. Fügt man die Körper 3 und 5 zusammen, so findet man, daß wenn das Ende No. 3 vorangeht, der Widerstand == 318 und wenn das Ende No. 5 vorangeht == 385, dies macht weniger Widerstand,

wenn das ſtumpfe, als wenn das ſpiße Ende vorangeht.

Setzt man No. 7 und No. 10 zuſammen, ſo
reſiſtirt der Körper am wenigſten, wenn das ſpiße
Ende vorangeht, und No. 5 und 6 zuſammen ge-
fügt, geben den Widerſtand ganz gleich.

Auf dieſe Art ſind die Tabellen I, II, III, ent-
ſtanden, wornach IV, V, VI, geformt werden können, nemlich: IV aus I und II, V aus I und III,
und VI aus II und III.

Die römiſchen Ziffern gehören zu den Zirkelbogen, die arabiſchen zu den Parabeln und zu den
Dreiecken, in der Tabelle VI.

Bey der Zuſammenſetzung der Körper be-
fand ſich ſtets ein Mittelſtück zwiſchen beyden
Enden. Sich das Meſſen des Widerſtandes auf
(Fig. 18) zu erleichtern, bediente ſich Herr
Chapmann eines meſſingenen Lineals, wie
(Fig. 19) das (Fig. 20) in Profil zeigt. Es
war an dem einen Rand ganz ſcharf. Auf dieſem
Lineale wurde eine Skale auf den ſcharfen Rand
eingegraben von 25 gleichen Theilen, jeder Theil zu
$\frac{1}{4}$ Zoll und noch ein ſolcher Theil in 10 Theile ge-
theilt.

Wenn die Meſſung vor ſich gehen ſollte, wurde
das Papier auf ein Reißbrett befeſtigt. Eine ſpiße Nadel befeſtigte er in dem Punkt A, (Fig. 18)
den ſcharfen Rand von der meſſingenen Skale, legte
er mit dem einen Ende an die Nadel, das andere

Ende führte er an die Zahl, die die Grade des Einfallswinkels auf dem Quadranten angab. An jedem Ende war ein Knopf befestigt, das Lineal rechts
und links bewegen zu können.

Da Herr Chapmann neugierig war, zu sehen,
wie sich der Widerstand gegen die äußern Ränder
des Körpers formire, zog er Linien aus den Halbi-
rungspunkten der Bögen, parallel mit der Mittellinie des Körpers zwischen jeder Projektion, wie
A B No. I (Tafel I). Auf jeder dieser Linien trug
er auf dem äußern Rand A des Körpers, die Entfernung A B = dem gefundenen Widerstand für
diese Stelle. (Weil die Figuren blos ¼ von der
Größe des Körpers sind, von denen der Widerstand
berechnet worden ist, so ist die Entfernung A B auch
nicht mehr als ein ¼ von der Länge die man in Fig.
18 erhielt). Verfährt man so für jede Projektion,
und zieht man alsdann durch alle Punkte C, B, D,
eine krumme Linie, so bezeichnet der Raum zwischen
den Linien C A E und C B D, den ganzen Widerstand für dasselbe Ende. Auf diese Art verfuhr er
bey denen hier aufgezeichneten Körpern No. I, No.
IV, No. VI, und No. VIII, sowohl beym vor-
dersten als hintersten Ende.

Es ist nicht die Meinung des Herrn Chapmanns, daß die Bewegung des Wassers um den
Körper sich innerhalb dieser Grenzen aufhalte, er
ist vielmehr überzeugt davon, daß man unmöglich
wissen könne, wie es damit beschaffen sey, sondern
er wollte bloß einen Begriff davon geben, welches
der Effekt des Wassers auf alle Stellen sey, das

Vorfahren des Körpers zu hindern, und die Hindernisse beym hintern Ende auszudrücken, die die
Kohäsionskraft ausübte.

Außer den beschriebenen Versuchen stellte er
noch einen, mit einem rechtwinklichten Parallelepiped an, daß 18″ im Viereck enthielt und 10 Zoll tief
war, in welcher Tiefe es ganz und gar im Wasser
ging. Der Widerstand, wenn es in einer mit seinen Seiten parallelen Richtung hervorgezogen
wurde, verhält sich zu dem Widerstand, wenn es in
Richtung von seiner Diagonale hervorgezogen wird,
sehr nahe, wie 4 : 5, womit diese Theorie ganz nahe
übereinstimmt; nach der alten Theorie war dieses
Verhältniß wie $7\frac{1}{14} : 5$, und wenn er nach seiner
Diagonale abgeschnitten wurde, daß er bloß halb
so viel Wasser aus seiner Stelle verdrängte, war
der Widerstand wie vorher $= 5$. Nur wollte er
mit dem spitzen Ende aufwärts steigen, und mit dem
breitern sinken, so daß er sehr schwer in einer horizontalen Lage erhalten werden konnte, ob der Ballast
schon an das spitze Ende gelegt wurde. Dieser
Versuch bestätigte, was oben von den Parallelepipeden gesagt worden ist. Wenn also ein Bal-
ken von 1 Fuß im Quadrat und 50 Fuß Länge auf
beyden Seiten nach seiner ganzen Länge, wie ein
Keil abgespitzt, und ganz und gar ins Wasser gelegt
wird, vertikal mit dem scharfen Rand, so macht er
beym Hervorfahren, wenn man das stumpfe Ende
voranzieht, dasselbe Hinderniß, als wenn er überall
seine gleichmäßige Dicke behalten hätte, ohne am
hintern Ende zugespitzt zu seyn. Legt man aber

eben diesen Keil so, daß der scharfe Rand horizontal liegt, und das stumpfe Ende vorangeht, so mache er weniger Hinderniß im Hervorfahren, als im vorigen Fall. Geht in beyden Fällen das zugespißte Ende voran, so ist der Widerstand größer, als wenn das stumpfe voranging. Es versteht sich, daß hier, wie bey allen Versuchen, die beschleunigende Geschwindigkeit aufgehört haben muß.

Es ist eben erwähnt worden, daß der hintere Theil eines Körpers, dessen Einfallswinkel 13° 17' ist, die geringste Hinderniß im Hervorfahren mache, das will sagen: daß wenn der ganze hintere Theil eines Körpers nach einer geraden Linie formirt wird, welche einen Winkel von 13° 17' mit der Mittellinie macht, so erfährt er durch diese Form das geringste Hinderniß im Hervorfahren, oder ein geringer Hinderniß als irgend eine andere Linie, von welcher Art und welcher Länge sie auch sey.

Man ziehe die Linie A B (Fig. 27) und B C senkrecht dagegen, nehme B D = 2 mal B C und ziehe D C, so ist der Winkel C D B = 26° 34'. Man nehme A D = D C und ziehe A C, so ist der Winkel C A B = 13° 17'. Dies ist die Form vom oben erwähnten Hintertheil.

Man setze zum voraus, der Körper solle dieselbe Breite B C behalten; aber der Hintertheil nicht länger als B D seyn. Aus D ziehe man D E perpendikulär gegen A B so macht die Fig. C E D B weniger Hinderniß im Hervorfahren des Körpers, als jede Figur von der nehmlichen Breite und Länge, und wenn die Ecke C, nach einem Zirkelbogen abgerundet wird, wie F, so vermehrt sich der Widerstand im Hervorfahren, und zwar um so mehr, je mehr von der Ecke hinweg genommen wird, oder je näher der Bogen, der die Abrundung macht, sich der Linie D C nähert. Man ziehe aus D, D G parallel E C, so macht die Figur H C G D B dieselbe Hinderniß im Hervorfahren, wie die vorige C E D B; aber ihr Flächeninhalt ist um den Rhomboides C E D G kleiner, und wenn der Hintertheil des Körpers = C D B ist, so macht er gleiche Hinderniß im Hervorfahren, als wäre er quer abgeschnitten nach B C. Man ziehe endlich aus G, G H parallel C D, so macht H G D B dieselbe Hinderniß im Hervorfahren als H C G D B. Wird die Ecke C nach einem Zirkelbogen wie I abgerundet, so wird die Hinderniß im Hervorfahren vermindert.

Dies gilt für eine jede Situation des Körpers, die Einfallswinkel mögen horizontal oder vertikal seyn, oder eine andere Beugung haben, wenn nur die Richtung im Hervorfahren parallel A B ist, und er aus A nach B geht.

Dies scheint paradox zu seyn, aber es ist Wahrheit. Die Versuche ergeben es auf diese Art, und die Theorie stimmt damit überein.

Unter den Versuchen die Herr Professor Nordmark vorschlug, wählte Herr Chapmann viere, wonach er Modelle machen ließ, wie (Fig 23, 24, 25 und 26) von derselben Größe, wie die Körper nach (Fig. 1) und in eben derselben Tiefe im Wasser gehend. Die Enden G machten spiße Winkel, die alle einander gleich waren.

Das Ende C (Fig. 23) war ein gleichseitiges Polygon in einem Halbzirkel wie ABCDE, folglich der Einfallswinkel gegen die Seiten AB und ED = 22° 30' und der Einfallswinkel gegen die Seiten BC und CD = 67° 30' und da der Radius AF = 1, so sind die übereinstimmenden Projektionen = 0,29289 und 0,70711.

(Fig. 24) ist das Gegenstück von (Fig. 23) AB und BC in dieser sind mit AB und BC in der vorigen gleich. Dieselben Einfallswinkel und Projektionen finden daher auch hier statt. Das Ende C (Fig. 25) war gleichfalls ein Polygon in einem Halbkreis, aber von ungleichen Seiten nemlich AB = ED = Radius.

Daraus erhellet, daß der Einfallswinkel gegen diese Seiten = 30° und der Einfallswinkel gegen die Seiten BC und CD = 75° die Projektionen sind gleich für beyde, nehmlich = 0,5.

(Fig 26) ist das Gegenstück von (Fig. 25) so wie (Fig. 24 von Fig. 23).

Der Widerstand vom Körper (Fig. 23) das Ende C vorne verhielt sich zum Widerstand von (Fig. 25) das Ende C vorne wie 20 : 19½. Der Widerstand von (Fig. 23) das Ende C vorne, verhielt sich zum Widerstand von (Fig. 24) das Ende A vorne, wie 23 : 30.

Der Widerstand von (Fig. 24) zu (Fig. 26) das Ende A vorne, war gleich für beyde.

Der Effekt des Wassers auf das hinterste Ende
A (Fig. 24), das Hervorfahren zu verhindern, verhielt sich zu diesem nehmlichen Effekt auf das hinterste Ende A (Fig. 26) wie 20 : 23.

Dies nehmliche fand statt, wenn bey (Fig. 23
und 25) das Ende C hinten ging.

Daß der Widerstand gegen das Ende A größer
ist, als gegen das Ende C, beweist was oben gesagt
worden ist, nehmlich: daß wenn der Einfallswinkel
größer ist, als 45°, so druckt der Körper gegen das
Wasser und führt es vor sich her, und wenn der Einfallswinkel kleiner als 45° ist, so wirkt das Wasser
auf die Seiten, und weil auf den Figuren 24 und 26
der spitze Winkel innerhalb dem stumpfen liegt, so
kann das innere Wasser nicht geschwinde genug aus
dem Wege gehen, sondern es muß sich anhäufen
und den Widerstand vermehren.

Es ist gleichfalls oben gesagt, daß Einfallswinkel, die größer als 45° sind, nicht mit denen verglichen werden können, die kleiner sind, weil die
Länge ihrer Seiten aber hier nicht von Bedeutung
ist, so ist der Fehler unmerklich.

Tab. I.

Widerstand der Körper, wenn beyde Enden Zirkelbogen sind.

			No.	Grade.	Ueber den Gebrauch dieser Tabelle.
Vorderth.	I	410	I	90	
Hinterth.	I	155			Ein Körper, dessen Vor-
		565	II	70	der- und Hintertheil bogen-
V.	II	377			förmig ist, und 90° enthält,
H.	II	150	III	55	verhält sich zu einem gleichen
		527	IV	45	Körper, dessen Vorder- und
V.	III	338			Hintertheil 70° enthält, in
H.	III	141	V	35	Hinsicht auf den ganzen Wi-
		479	VI	30	derstand, wie 565:527, in
V.	IV	300	VII	28	Hinsicht auf den Widerstand
H.	IV	130			der Vordertheile, wie 410:
		430	VIII	25	377, und in Hinsicht auf den
V.	V	260	IX	20	Widerstand der Hintertheil-
H.	V	106	X	15	le, wie 155:150. Hätte
		366	XI	10	man nun einen Körper, des-
V.	VI	238			sen Vordertheil = 90°
H.	VI	87			Hintertheil = 45°
		325			so wäre V. I. = 410
V.	VII	230			H. IV. = 130
H.	VII	77			540
		307			ein anderer Körper, dessen Vordertheil
V.	VIII	218			= 15°
H.	VIII	55			Hintertheil = 28°
		273			gäbe V. X = 185
V.	IX	200			H. VII = 77
H.	IX	35			262
		235			beyde Körper verhalten sich also in Hin-
V.	X	185			sicht auf den ganzen Widerstand wie
H.	X	34			540 : 262.
		219			Und so läßt sich aus dieser Tabelle der
V.	XI	175			Widerstand für alle Körper, deren Enden
H.	XI	55			bogenförmig sind, auf diese Art sehr
		230			leicht finden.

Tab. II.

**Widerstand der Körper, deren beyde Enden kubi-
sche Parabeln sind.**

Vor derth. / Hinterth.		
Vor derth.	I	407
Hin terth.	I	160
		567
B.	2	369
H.	2	154
		523
B.	3	329
H.	3	141
		470
B.	4	294
H.	4	131
		425
B.	5	255
H.	5	105
		360
B.	6	235
H.	6	82
		317
B	7	228
H.	7	69
		297
B.	8	219
H.	8	51
		270
B.	9	199
H.	9	33
		232
B.	10	185
H.	10	34
		219
B.	11	175
H.	11	56
		231

Die Abscissen, oder die halbe Breite von allen Körpern ist $=10$, und die Länge von allen 3 Arten Körpern ist:

No.	Länge.
I	20,00
2	28,56
3	38,40
4	48,28
5	63,52
6	74,64
7	80,20
8	90,10
9	113,48
10	151,92
11	228,60

Vom Gebrauch dieser Tabelle.

Er ist derselbe, wie der bey der vorigen. Wäre das Vordertheil eines Körpers 3, das Hintertheil 6, so gäbe

$$B. 3 = 329$$
$$H. 6 = 82$$
$$\overline{411}$$

und

$$B. 7 = 228$$
$$H. 3 = 141$$
$$\overline{369}$$

Tab. III.

Widerſtand der Körper, deren beyde Enden triangelförmig ſind.

Vor-derth. Hin-terth.			No.	Grade.
B.	2	340		
H.	2	166		
		506	1	45°
B.	3	286	2	35°
H.	3	166	3	27° 30'
		452	4	22° 30'
B.	4	250		
H.	4	90	5	17° 30'
		340		
B.	5	219	6	15°
H.	5	32	7	14°
		251	8	12° 30'
B.	6	205		
H.	6	19	9	10°
		224	10	7° 30'
B.	7	201		
H.	7	16	11	5°
		217		
B.	8	193		
H.	8	16		
		209		
B.	9	184		
H.	9	22		
		206		
B.	10	176		
H.	10	42		
		218		
B.	11	170		
H.	11	72		
		242		

Einfallswinkel der Dreyecke.

Iſt alſo bey einem Körper, deſſen beyde Enden triangelförmig ſind,
der Einfallswinkel des
Vordertheils $= 14°$ und
des Hintertheils $= 12°$
$30'$, ſo gibt B. $7 = 201$
H. $8 = \underline{16}$
217

u. ſ. w. die Einfallswin-
kel mögen ſeyn welche ſie
wollen.

Tab. IV.

Wäre das eine Ende ein Zirkelbogen, das andere eine Parabel

so giebt z. B. V. I = 410 Tab. I.
$\mathfrak{H}$. 1 = 160 Tab. II.
___
570

V. III = 388 Tab. I.
$\mathfrak{H}$. 5 = 105 Tab. II.
___
493

V. 5 = 255 Tab. II.
$\mathfrak{H}$. III = 141 Tab. I.
___
396

Tab. V.

Wäre das eine Ende ein Zirkelbogen, das andere triangelförmig,

so giebt z. B. V. 5 = 219 Tab. III.
$\mathfrak{H}$. I = 155 Tab. I.
___
374

d. h. von einem Körper, dessen eines Ende ein Dreyeck ist, und einen Einfallswinkel von 17° 30′ hat, und dessen anderes Ende einen Bogen von 90° ausmacht, ist der Widerstand 374. Eben so giebt

V. III = 338 Tab. I.
$\mathfrak{H}$. 7 = 16 Tab. III.
___
354

Tab. VI.

Iſt das eine Ende eine Parabel, und das andere ein Dreyeck,

ſo iſt z.B. B. 1 = 407 Tab. II.
H. 5 = 32 Tab. III.
_____
439

B. 8 = 193 Tab. III.
H. 2 = 154 Tab. II.
_____
347

Ich habe die Chapmannsche Theorie bisher genau so dargestellt, wie sie in der schwedischen Abhandlung (in den Nya Handlingar) enthalten ist. Um nun nichts von dieser Abhandlung zu übergehn, und dem deutschen Publikum alles das zu geben, was das Original enthält, will ich noch die Anwendung des Verfassers auf die Schiffsbaukunst hier beyfügen. Er schließt seine Abhandlung nemlich mit folgenden Worten:

„Weil der Endzweck bey Anstellung dieser „Versuche eigentlich die Beförderung der „Schiffsbaukunst war, so ist es nothwendig, „darzuthun, wie der Ausdruck für den Wider- „stand des Wassers, auf die Oberfläche eines „Schiffs angewendet werden kann, um daraus „den Effekt des Wassers zu finden, das Vor- „fahren zu hindern. Es kann Fig. 18. hierzu „gebraucht werden:

„Den Widerstand, den ein Schiff leidet, „wenn es grade vorwärts durch Wasser geführt „wird, ist im 4ten Kapitel meiner Abhandlung

D

„von der Schiffsbaukunst in Betrachtung gezo-
„gen worden. Ob nun gleich die Grundsätze,
„auf die sich der Kalkul stützt, auf der alten,
„bisher allgemein angenommenen, aber falschen
„Voraussetzung beruhen, daß sich der Wider-
„stand wie das Quadrat vom Sinus des Ein-
„fallswinkels verhalte, so ist gleichwohl die Kon-
„struktion auf die Oberfläche des Schiffs, um
„den Einfallswinkel zu finden, ganz richtig, so-
„wohl für das eine, als das andere Ende des
„Schiffs. Man sehe S. 53, §. 18, und
„Fig. 20. dieser Abhandlung. Hiernach sind
„die hier aufgezeichnete beyde Figuren 21 und
„22, mit den einstehenden Dreyecken 21, 22,
„und 25, 26, zwischen der Wasserlinie 1 und
„2 genommen: die erste Figur gehört zu dem
„Vordertheil, und die letzte zu dem Hinter-
„theil des Schiffs.

„In Fig. 21. ziehe man aus C, CD per-
„pendikulair gegen AB, und in Fig. 22. aus
„G, GH, perpendikulair gegen EF. Man
„nehme die Entfernung zwischen den Spanten,
„trage sie auf AB, sie sey Ar, Fig. 18. und
„ziehe tw parallel mit AE. Man nehme hier-
„auf CD, Fig. 21, trage tw, Fig. 18, auf
„Aw, und verlängere Aw, so ist der Winkel
„tAw der Einfallswinkel für das Dreieck ABC,
„Fig. 21, und xy, Fig. 18, der Widerstand
„des Wassers. Wenn dieser Widerstand mit
„der Fläche des Dreiecks ABC multiplicirt

„wird, Fig. 21, so hat man den Effekt vom
„Widerstand des Waſſers auf einen ſo großen
„Theil des Bogens vom Schiff.

„Wenn man nun auf dieſe Art für alle
„Dreiecke beym Vordertheil des Schiffs ver-
„fährt, und ſie zuſammen addirt, ſo iſt die
„Summe gleich mit dem Effekt vom Wider-
„ſtande des Waſſers für die eine Seite. Man
„nehme ferner G H, Fig. 22, und trage ſie
„auf t u, Fig. 18, aus A durch u ziehe man
„die verlängerte Linie A u, ſo iſt der Winkel
„t A u der Einfallswinkel für das Dreieck E F G,
„Fig. 22. R P, Fig. 18, iſt die Kraft des
„Waſſers, das Vorfahren des Schiffs zu hin-
„dern, und wenn dieſe Kraft in die Fläche des
„Dreiecks E F G multiplicirt wird, Fig. 22,
„ſo hat man den Effekt, das Hervorfahren zu
„verhindern, auf den Theil des hintern Endes
„des Schiffes, der gleich E F G iſt. Verfährt
„man nun auf ſelbige Art für alle Dreiecke des
„hintern Theils des Schiffes, und addirt ſie zu-
„ſammen, ſo iſt die Summe dem ganzen Effekt
„des Waſſers gleich, das Hervorfahren zu ver-
„hindern, für die eine Seite. Man bemerke
„hierbey, daß der Widerſtand des Hintertheils
„für alle Einfallswinkel, die größer als 26°
„34′ ſind, oder größer als B A F, Fig. 18,
„immer $= P'n$ iſt.

„Wenn der Effekt vom Widerſtand des
„Waſſers, für das ganze Vordertheil des Schiffs

„zu dem Effekt des Wassers vom Hintertheil
„addirt wird, so ist die Summe gleich mit dem
„ganzen Widerstand, den das Schiff im Her-
„vorfahren leidet. Nachdem man auf diese Art
„den Widerstand gefunden, den das Schiff in
„seinem Vorfahren leidet, so ist nöthig, daß
„man die Eigenschaft zu finden wisse, vermöge
„welcher es wohl segelt. Weil es aber noch
„nicht bekannt ist, wie das Wasser bey un-
„gleichen Geschwindigkeiten widerstehet, so
„kann diese Eigenschaft blos beziehungswei-
„se ausgemittelt werden. Das Schiff se-
„gelt am besten, dessen Segelfläche, dividirt
„durch den Widerstand, den größten Quotien-
„ten gibt.

„Man wähne doch ja nicht, daß der Wi-
„derstand dem Quadrate der Geschwindigkeit
„auch nur beynahe proportional sey. Alle Ver-
„suche haben das Gegentheil dargethan. Da-
„her kann auch der absolute Widerstand noch
„nicht ausgemittelt werden. Es ist damit
„noch nichts ausgerichtet, daß man für eine ein-
„zige Geschwindigkeit den absoluten Widerstand
„zu wissen bekommt, sondern man muß auch
„wissen, wie es sich mit ungleichen Geschwin-
„digkeiten verhält. Hierzu werden aber nicht
„bloß kleinere, sondern auch größere Geschwin-
„digkeiten, von 9 bis 10 Fuß in der Sekunde
„erfordert.

„Der Körper, womit man solche Versuche

„anstellt, muß daher 5, 6 bis 7 Fuß tief im
„Waſſer gehn, damit die Wirbel und Gruben
„in der Oberfläche des Waſſers, die für größere
„Geſchwindigkeiten größer ſind, als unbedeu-
„tend angeſehen werden können. Eben ſo
„müſſen bey Anſtellung dieſer Verſuche die Kör-
„per nicht über ½ bis 1 Zoll über den Waſſer-
„ſpiegel reichen, und die metallene Rolle, über
„welche das Seil gehet, welches den Körper
„hervorzieht, muß grade ſo tief im Waſſer lie-
„gen, als der Gang des Körpers tief iſt. Vor
„Anſtellung der mannigfaltigſten und genaueſten
„Verſuche dieſer Art, iſt aber an gar kein Ge-
„ſetz zu denken, das das Verhältniß des Wider-
„ſtands bey ungleichen Geſchwindigkeiten auch
„nur auf eine ohngefähre Art ausdruckte. Denn
„die Regel: daß ſich der Widerſtand wie das
„Quadrat der Geſchwindigkeit verhalte, iſt nach
„unſern ſorgfältigſt angeſtellten Verſuchen eben
„ſo falſch, als daß er ſich wie das Quadrat vom
„Sinus des Einfallswinkels verhalte. Man
„muß daher geſtehen, daß wir in Hinſicht auf
„den abſoluten Widerſtand noch völlig unwiſ-
„ſend ſind, und ſo lange unwiſſend bleiben wer-
„den, bis man durch Verſuche das Verhältniß
„des Widerſtandes bey ungleichen Geſchwindig-
„keiten ausmittelt.

„Es muß nun bemerkt werden, daß bey
„den Figuren 9, 10, 11, 13, 14, 15 und
„16, die Form von ⊕ der Spanten keinen Unter-

„schied im Widerstand macht, und aus der For-
„mel für den Widerstand findet man, daß es un-
„willkürlich sey, daß ein kleinerer ⊕ Spante we-
„niger Widerstand macht.

„2. Der Schwerpunkt des Schiffs muß in
„der Mitte der obern Wasserlinie fallen, um die
„Stürzung während des Segelns zu verhindern;
„wenn aber die Kraft des Windes in den Se-
„geln stark ist, wodurch der Vordertheil des
„Schiffs nothwendig um so mehr niedergedrückt
„wird, je mehr die Kraft des Windes zunimmt,
„so muß das Schiff nach seinem Hintertheil zu
„mit Gewichten beladen werden, damit es seine
„bestimmte Lage behält.

3. Bey Fig. 1, 4, 9, 10 u. s. w. findet man,
„daß das Wasser in der Richtung ausweicht, in
„welcher es die geringsten Hindernisse gegen die
„Oberfläche des Körpers findet, es mag nun zur
„Seite oder unter dem Körper ausweichen. Es
„weicht also in einer auf die Oberfläche des
„Körpers loxodromischen Richtung aus.

„Weil man durch diese Versuche endlich
„eine Regel, oder Methode gefunden hat, die
„ein Verhältniß von dem Widerstand angibt,
„den die Körper leiden, wenn sie gerade durch
„das Wasser geführt werden, so hat man da-
„durch eine Aufklärung erhalten, die um so viel
„erwünschter ist, weil es immer eine Hauptei-

„genſchaft eines Schiffes bleibt, daß es wohl
„ſegelt.

„In dieſer Eigenſchaft müſſen einige Schiffe
„excelliren, ſelbſt wenn es auf Koſten anderer
„guter Eigenſchaften geſchehen ſollte. Was
„alſo dieſen Verſuchen eigentlichen Werth gibt,
„iſt die für die Schiffsbaukunſt ſo nützliche und
„nothwendige Entdeckung, daß, wenn die Län-
„ge, Breite, Tiefe, und das Deplacement von
„einem Schiffe beſtimmt ſind, man nun
„dem Schiffe eine ſolche Form geben kann,
„daß es ſo gut ſegelt, als es nur immer mög-
„lich iſt.‟

Als Herr Chapmann ſeine Verſuche ſchon an
die Königl. Akademie der Wiſſenſchaften abgege-
ben hatte, erinnerte er ſich, daß in ſeiner Abhandlung von der Schiffsbaukunſt, der Fregatte Nep-
tunus, als eines Originals im Wohlſegeln, Er-
wähnung gethan war. Die Zeichnung dieſer Fregatte findet man auf der Platte 57, No. 14, in
der Architectura navalis mercatoria. Sie iſt in
Oſtende im Anfang dieſes Jahrhunderts von dem
franzöſiſchen Baumeiſter Peter Wiederleiner er-
bauet worden, der Hr. Chapmann die Zeichnung
davon gab, als er ſich in Gothenburg 1731 auf-
hielt. Sie ſegelte 4 deutſche Meilen in der Stun-
de, oder 28 Fuß in der Sekunde, da ſchon ein
Schiff als ein ſehr ſtarker Gegenwind-Segler angeſehen wird, das 20 Fuß in der Sekunde zurück-

legt. Die Originalzeichnung zu diesem Fahrzeug
unterfuchte nun Herr Chapmann, und fand dabey zu feinem Vergnügen, daß das Hintertheil
deffelben fo nahe wie möglich mit den Verfuchen
ftimmte, und daß es fo gebauet war, als es die
Theorie heifchte, wenn das geringfte Hinderniß im
Hervorfahren ftatt finden follte.

Zur Erläuterung der bisher vorgetragenen Chapmannschen Theorie, will ich für Anfänger noch
die Geschichte der Lehre vom Widerstand hier bey-
bringen.

Neuton scheint sich zuerst mit der Bestimmung des Widerstands flüssiger Massen beschäftigt
zu haben. Er nahm dabey einen vollkommenen
flüssigen Körper an, dessen Elementartheilchen
gänzlich von einander getrennt waren, und nicht
die mindeste Einwirkung auf einander hatten; die
aber einander die Bewegung mittheilten und stets
ein zusammenhängendes Ganze ausmachten. Un-
glücklicherweise ist eine solche Flüssigkeit aber gar
nicht in der Natur vorhanden, und folglich können
auch alle Folgerungen, die sich auf eine solche voll-
kommene Flüssigkeit gründen, nirgends in der Natur eine Anwendung finden. Es ist leicht ersichtlich, daß also auch die ganze Theorie des Stoßes,
die er auf die Idee einer solchen vollkommenen
Flüssigkeit stützte, ohngeachtet sie lange Zeit für
hinreichend gehalten wurde, und beynahe in allen
Büchern über die Hydraulik, bis auf Bossut, zum

Grunde gelegt worden iſt, nichts weniger als für eine in der Natur gegründete Theorie gelten kann. Der Ritter du Buat ſtellt die Reſultate dieſer Theorie im 2ten noch unüberſetzten Theil ſeiner Hydraulik folgendermaßen auf:

Erſtens. Daß es der nemlichen Kraft bedarf, einen Körper mit einer gegebenen Geſchwindigkeit zu bewegen, als eine Kraft erfordert wird, denſelben feſtzuhalten, wenn das Waſſer demſelben mit der nemlichen Geſchwindigkeit entgegenſtrömt.

Zweytens. Daß der Widerſtand vom Vordertheil der Ebene des größten Querſchnitts des Körpers abhange, wenn dieſe Ebene ſenkrecht auf der Richtung der Bewegung ſtehe, und daß die Länge und Figur des hintern Theils gar nichts zum Widerſtand beytrage; ſo daß ein Cylinder, den man in der Richtung ſeiner Axe bewegte, denſelben Widerſtand erführe, als wenn ſeine vordere Grundfläche eine bloße Ebene wäre.

Drittens. Daß eine jede Fläche einen Widerſtand erfahre, der dem Quadrat der Geſchwindigkeiten und der Dichtigkeit der Flüſſigkeiten proportional ſey.

Viertens. Daß ebene Oberflächen, die auf der Richtung des Stroms ſenkrecht ſtehn, einen Widerſtand erfahren, der ihrem Flächeninhalt proportional ſey, und deſſen Größe dem

Gewichte eines Prismas oder Cylinders von
der nemlichen Flüssigkeit gleich ist, welche
die Stoßfläche zur Grundfläche, und das
Doppelte der Geschwindigkeitshöhe zur Höhe
haben.

Fünftens. Wenn ebene und gleiche Oberflächen
der Richtung der Bewegung unter verschiedenen Neigungen entgegen stehn, daß alsdann
die Geschwindigkeiten, die senkrecht auf eine
jede von ihnen fallen, dem Sinus des Einfallswinkels proportional sind, und daß sich
alsdann der Widerstand in dem nemlichen
Sinn, wie das Quadrat dieser Sinusse verhält; so daß der Widerstand, den ein drei-
eckigtes Prisma erfährt, das sich in einer
Richtung bewegt, die senkrecht auf seiner
Grundlinie steht, sich zum Widerstand der
Grundfläche, ohne ein solches Vordertheil,
wie das Quadrat des Sinus des Einfallswinkels, zum Quadrat des Sinus totus
verhält.

Sechstens. Daß, wenn man gekrümmte Oberflächen als eine Folge unendlich kleiner und
verschieden geneigter Ebenen betrachtet, man
vermöge des vorhergehenden Gesetzes ihren
Widerstand, mit dem Widerstande ihrer
Grundfläche isolirt angenommen, vergleichen
kann. Auf diese Art findet man, daß der Widerstand einer Kugel bloß die Hälfte des Widerstandes ihres größten Kreises sey.

Siebentens. Daß alles Uebrige gleich gesetzt, der Widerstand unverdichtbarer Flüssigkeiten, bloß die Hälfte des Widerstandes vollkommen elastischer Flüssigkeiten sey.

Mehrere Mathematiker beschäftigten sich hierauf mit der Vervollkommnung dieser eingebildeten Neutonschen Prinzipien. Die Herren Daniel Bernoulli, d'Alembert und Euler, stellten unter andern die tiefsten Untersuchungen an, aber ihre, zudem für die Praktik zu verwickelten Resultate, entsprachen der Natur eben so wenig, als die Neutonschen. Man nahm hierauf zu Versuchen seine Zuflucht, die theils umstießen, was die Theorie bis dahin gelehret hatte, theils die Sache noch mehr verwickelten und in beynahe unauflösbare Zweifel stürzten. Man wußte am Ende nicht mehr, ob die Höhe der Wassersäule, deren Gewicht das Maaß des Widerstandes abgeben sollte, das Einfache oder das Doppelte der Geschwindigkeitshöhe, oder endlich gar ein Mittel zwischen beyden sey. Um aus dieser Ungewißheit zu kommen, stellte der Herr Abt Bossut einige unmittelbare Versuche an, bey denen er die Kraft eines vertikal herabfallenden Wasserstrahls maß, der aus einem Gefäß durch eine kurze Ansatzröhre floß, und auf eine Fläche stürzte, welche breiter als der Strahl war, die er an einem Wagebalken befestigte, und welche Gewichte in der andern Wageschale horizontal im Gleichgewicht erhielten. Er folgerte daraus, daß die Höhe, die dem Stoß zugehörte, ein

wenig geringer fey, als das Doppelte der Geschwindigkeitshöhe. Dies Resultat stimmte sehr
genau mit dem Resultat überein, welches d'Alembert aus seiner Theorie ableitete. Neigt man die
Schale ein wenig, so sind die Resultate sehr wenig
von denen unterschieden, die die gewöhnliche Theorie ergibt, obgleich der schiefe Widerstand in einem
größern Verhältniß als das Quadrat vom Sinus
des Einfallswinkels abnimmt. Der Herr Ritter
von Borda stellte neue Versuche an, und erhielt
dabey ganz andere Resultate. Er ließ einen Ku-
bus im stehenden Wasser eines großen Bassins sich
bewegen, und fand, daß die Höhe des Stoßes gegen eine seiner Flächen, die Geschwindigkeitshöhe
nicht sehr übertraf. Da er ihn hierauf in der
Richtung seiner Diagonale hervorzog, so fand er,
daß der schiefe Stoß in einem weit geringern Verhältniß abnahm, als das Quadrat vom Sinus des
Einfallswinkels. 1775 stellten nun, auf Befehl
der Regierung, die Herren d'Alembert, Marquis
de Condorcet und Abt Bossut, mehrere Versuche über den Widerstand der Flüssigkeiten in einem
Bassin der Ecole Militaire an. Die schwimmen-
den Körper erfuhren einen Widerstand, der in einem etwas größern Verhältniß zunahm, als das
Quadrat der Geschwindigkeit. Was aber den
schiefen Widerstand der Ebenen betrifft, so fand
man, daß die gewöhnliche Theorie ganz falsch sey,
und daß sie den Widerstand, vorzüglich bey kleinen
Einfallswinkeln, bey weitem zu klein angab. Was
die Höhe betrifft, die dem Stoß zugehörte, so

schätzte man sie bey Ebenen in gerader Richtung, beynahe der Geschwindigkeitshöhe gleich; aber sie nahm unmerklich zu, wie die Länge des Körpers abnahm. Hier fing man, wie Herr du Buat sagt, zuerst zu muthmaßen an, daß auch vielleicht der hintere Theil des Körpers Einfluß auf den Widerstand haben könne. In dieser Muthmaßung sah man sich nun noch bestärkt, als der Herr Marquis de Condorcet und der Abt Bossut in einem alten Wasserbehälter von Paris, neue Versuche anstellten. Der Hauptendzweck dieser Versuche ging dahin: zu erfahren, welches das Gesetz des Widerstands für prismatische Schiffe sey, die krumm- und geradlinigte Vorder- und Hintertheile unter verschiedenen Winkeln hätten. So wie denn auch Herr Bossut auf einen bisher vernachläßigten Unterschied zwischen dem Stoß isolirter Strahlen und des unbegränzten Wassers aufmerksam machte.

Durch die Chapmannschen Versuche ist nun bewiesen:

Erstens. Daß es nicht einerley sey, ob sich ein Körper mit einer gegebenen Geschwindigkeit im ruhig stehenden Wasser bewege, oder ob das Wasser dem ruhigen Körper mit dieser Geschwindigkeit entgegenströhme.

Zweytens. Daß der Widerstand nicht bloß vom Vordertheil des Körpers, sondern auch zugleich vom Hintertheil abhange. Ob sich eine Ebene im Waſſer bewegt, oder ob es ein Cylinder in der Richtung ſeiner Axe thut, iſt nicht einerley.

Drittens. Eine Fläche erfährt nicht einen Widerſtand der dem Quadrat ſeiner Geſchwindigkeit proportional wäre. Herr Boſſut be-
hauptet zwar, daß ſeine 1775 angeſtellten
Verſuche darthäten, daß der Widerſtand dem
Quadrate der Geſchwindigkeit proportional
ſey; aber mit welchem Rechte, mag folgende
Unterſuchung darthun.

Bey ſeiner 1ſten, 2ten, 3ten und 4ten
Erfahrung z. B. wurde ein Weg von
50 Fuß bey

12 ℔. Gewicht in 43,70 halben Sekunden.
16 ℔. , , , 38,37 , , , ,
20 ℔. , , , 34,75 , , , ,
24 ℔. , , , 32,16 , : , ,

und bey ſeiner 5ten, 6ten, 7ten und 8ten
Erfahrung, derſelbe Weg bey

12 ℔. Gewicht in 30,8 halben Sekunden.
16 ℔. , , , 27,25 , , , ,
20 ℔. , , , 24,50 , , , ,
24 ℔. , , , 23,40 , , , ,

zurückgelegt.

Drücken nun die Gewichte den Widerſtand aus, ſo verhalten ſich bey einerley durch-
laufenem Raum, die Geſchwindigkeiten umgekehrt wie die Zeiten, oder die Zeiten, ver-

möge der Voraussetzung, wie die umgekehrten Wurzeln aus dem Widerstand.

	die dritten Potenzen geben
$V\ 16 : V\ 12 = 43,70 : 37,85$	$39,70$
$V\ 20 : V\ 12 = 43,70 : 33,85$	$36,85$
$V\ 24 : V\ 12 = 43,70 : 30,90$	$34,68$

Im erften Fall ift $\frac{0,52}{38,37}$, im zwenten $\frac{0,90}{34,75}$ und im dritten $\frac{1,26}{32,16}$ die Abweichung, die allerdings von geringem Belang ift. Bedenkt man aber, daß die Geſchwindigkeit in der Sekunde

		und die Abweichung
1, bey 12 ℔. Gewicht nur 2,288		
2, bey 16 ℔. ' ' ' 2,607		$0,01356$
3, bey 20 ℔. ' ' ' 2,878		$0,02598$
4, bey 24 ℔. ' ' ' 3,109		$0,03917$

ift, ſo fieht man leicht:

1) daß die Geſchwindigkeiten nur wenig von einander abweichen;

2) dàß der Widerſtand einer Potenz proportional ift, die zwiſchen die zwente und dritte fällt;

3) daß die Abweichung von der zwenten Potenz, was wohl zu bemerken ift, und viel Gewicht hat, ſtets zunimmt, wie die Geſchwindigkeit zunimmt.

Fer-

Ferner

die dritten Po-
tenzen geben

$$\sqrt{16} : \sqrt{12} = 30,8 : 26,67 \quad 27,98$$
$$\sqrt{20} : \sqrt{12} = 30,8 : 23,86 \quad 25,97$$
$$\sqrt{24} : \sqrt{12} = 30,8 : 21,78 \quad 24,44$$

Hier ist wieder

die Abwei-

1, bey 12 ℔. die Geschwindigkeit	3,246	chung ist			
2, bey 16 ℔. , , , , , ,	3,686	0,02118			
3, bey 20 ℔. , , , , , ,	4,080	0,02612			
4, bey 24 ℔. , , , , , ,	4,272	0,06923			

Also auch hier weichen

1) die Geschwindigkeiten wenig von einander ab, und

2) die Abweichung von der zweyten Potenz nimmt zu, wie die Geschwindigkeit zunimmt.

Viertens. Auf das Maaß des Stoßes konnte
er sich nicht einlassen, da erst neue Versuche
den absoluten Widerstand im unbegränzten
Wasser ergeben müssen, ehe man an die Bestimmung desselben denken kann.

Fünftens und Sechstens. Das Verhältniß
des relativen Widerstandes hat er durch seine
Formeln nicht nur auf das vollkommenste
ausgedrückt, sondern auch zuerst angegeben,
wie viel vom Widerstand auf das Vordertheil, und wie viel auf das Hintertheil des
Körpers kommt.

E

Ob nun gleich Herr Boſſut bey ſeinen Verſuchen die Gewichte angibt, welche die Körper zogen, und die Zeit, in welcher ſie den Raum von 96 Fuß durchliefen, welches Herr Chapmann nicht thut, ſo verdient der letztere demohngeachtet nicht weniger Glaubwürdigkeit als der erſtere. Beyden muß ich zuletzt doch glauben, daß ſie mit der gehörigen Genauigkeit ihre Verſuche angeſtellt, und nichts überſehen gehabt, und dieſe Glaubwürdigkeit nimmt weder zu noch ab, die Hinderniſſe bey den einzelnen Verſuchen mögen durch Gewichte angegeben ſeyn oder nicht. Wer hier nicht glauben will, darf es bey beyden nicht, und muß daher unmittelbar ſelbſt Verſuche anſtellen, durch welche er, wenn andere nicht mehr Glauben haben, nur wieder unmittelbar ſich ſelbſt überzeugen kann. Freylich iſt das Tattonement bey Verſuchen, die man nicht ſelbſt ſo leicht wiederhohlen kann, und der Glaube, den man ihnen beyzumeſſen hat, eine Unvollkommenheit, wodurch Wiſſenſchaften, die ſich auf Erfahrungsſätze gründen, reinen Wiſſenſchaften, oder Wiſſenſchaften a priori nachſtehn. Indeſſen muß man ſich damit begnügen, wenn man nicht mehr geben kann, als man hat, und einem zu Theil geworden iſt. Es hat dies wenigſtens das Gute, daß es uns ſtets anmahnt, auf unſer Wiſſen nicht ſtolz zu ſeyn, und zu bedenken, daß es eitel Stückwerk iſt.

Die Chapmannſchen Verſuche verdienen indeſſen vor den Boſſutſchen noch Glaubwürdigkeit, da er nicht nur mit gleicher Vorſichtigkeit, bey denſelben zu Werke ging, ſondern da er ſie auch mit mehrerer Vollkommenheit anstellte. Wollen wir nemlich zu einer vollendeten Theorie des Widerstandes gelangen, so müssen folgende Versuche angestellt werden:

1) Mit Körpern von gleichem Einfallswinkel, sowohl des Vorder- als Hintertheils, und von gleichem Deplacement; aber mit verschiedenen Geschwindigkeiten, um zu erfahren, wie sich der Widerstand in Hinsicht auf die Geschwindigkeit verhält.

2) Mit Körpern, die einerley Geschwindigkeit, und ein und dasselbe Deplacement haben, aber verschiedene Neigungs- oder Einfallswinkel, um zu erfahren, wie sich der Widerstand in Hinsicht der Einfallswinkel des Vorder- und Hintertheils verhält. Hierbey muß zugleich bemerkt werden, welche Veränderung der Widerstand leidet, wenn man das Hintertheil zum Vordertheil, und das Vordertheil zum Hintertheil macht.

3) Mit Körpern von denselben Einfallswinkeln und derselben Geschwindigkeit, aber verschiedenem Deplacement, um zu erfahren, wie sich der Widerstand in Hinsicht auf die Wassermassen verhält, die bey gleichen Einfallswinkeln und derselben Geschwindigkeit aus ihrer Stelle verdrängt werden.

E 2

4) Mit Körpern von denselben Einfallswinkeln, aber verschiedener Geschwindigkeit und verschiedenem Deplacement.

Herr Abt Bossut hat bey seinen Versuchen auf diesen vierfachen Unterschied so wenig Rücksicht genommen, daß er sogar bey der Reihe der Versuche, durch die er das Gesetz entdecken wollte, wie der Widerstand vom Einfallswinkel abhange, nicht nur auf das Hintertheil nicht achtete, sondern es für alle gleich annahm, und daß er es übersah, seinen Körpern, bey denen sich der Einfallswinkel des Vordertheils stets änderte, einerley Deplacement zu geben. Herr Chapmann hingegen nahm wohlbedächtig auf diesen wichtigen Umstand gehörige Rücksicht, wußte wohl, worauf es bey Bestimmung einer vollendeten Theorie ankomme, beschäftigte sich aber bloß mit dem relativen Widerstand solcher Körper, die bey einerley Deplacement verschiedene Einfallswinkel, sowohl des Vorder- als des Hintertheils, hatten. Hierdurch gelangte er nun zur Gewißheit in Dingen, die bey Bossut bloß Vermuthungen waren.

Da indessen Herr Chapmann nur im Allgemeinen versichert, daß seine Formel, mit denen von ihm angestellten Versuchen übereinstimme, übrigens nicht die Gewichte angibt, die erforderlich waren, daß seine Körper die 30 Fuß durchliefen, und auch nicht die Zeit, in der sie sie durchliefen; so läßt sich von jedem andern als Herrn Chapmann, die Formel an diesen Versuchen selbst nicht prüfen.

Ob nun wohl kein Zweifel dabey obwaltet, daß die
Formel mit den Verſuchen übereinſtimme, da er
dieſe Prüfung ſelbſt angeſtellt und übereinſtimmend
gefunden hat, auch kein Grund obwaltet, dies ge-
radezu für eine Lüge zu erklären, ſo wäre demohngeachtet eine Vergleichung der Reſultate, die die
Formel gibt, mit den Reſultaten der Erfahrung
eine ſehr wünſchenswerthe Sache.   Herr Abt
Boſſut hat uns eine Tabelle, S. 400 des Traité
d'hydrodynamique. Nouvelle edition. A Paris
L'An IV. de la republique und S. 410 der deut-
ſchen Ueberſetzung aufgeſtellt, die zu einer ſolchen Vergleichung vielleicht dienlich ſcheinen möchte.   Indeſſen, da die verſchiedenen angewandten Körper
nicht einerley Deplacement haben, und wir nicht
wiſſen, wie ſich der Widerſtand nach dem Deplacement ändert, ſo kann, eigentlich genommen, eine
ſolche Vergleichung gar nicht angeſtellt werden.
Was in der Folge hier darüber geſagt wird, iſt
alſo keine eigentlich auf feſten Gründen beruhende
Vergleichung, ſondern einzig ein Verſuch, darzu-
ſtellen, wie ſich der Widerſtand bey dieſen Verſuchen verhalten haben würde, falls dieſelbe Geſchwindigkeit und daſſelbe Deplacement ſtatt gefunden hätte.   Die Boſſutſche Tabelle bezieht ſich
auf 14 Schiffe, welche ſämmtlich gleich tief (nemlich 2 Fuß) im Waſſer gingen, deren Mittelſtück
4 Fuß lang und 2 Fuß breit war, und die alle kein
Hintertheil hatten, wenn man nicht die Ebene, die
= 8 Quadratfuß war, dafür nehmen will.   Das
Vordertheil war bey allen ein gleichſchenklichtes

Dreyeck, das 2 Fuß zur Grundlinie hatte, und dessen Winkel, der der Grundlinie gegenüber stand, von 12° zu 12°, von 180° an abnahm.

Einfallswinkel oder Winkel der Mittellinie mit der Seitenlinie, d.i halber Winkel, aus der Spitze des gleich-schenklichten Dreyecks.	Relativer Widerstand nach der alten Theorie, wie (Sin. w)²	Relativer Widerstand nach der Erfahrung.	Unterschiede der beyden vorhergehenden Reihen.
90°.	10000	10000	0
84°	9890	9893	3
78°	9568	9578	10
72°	9045	9084	39
66°	8346	8446	100
60°	7500	7710	210
54°	6545	6925	380
48°	5523	6148	625
42°	4478	5433	955
36°	3455	4800	1345
30°	2500	4404	1904
24°	1654	4240	2586
18°	955	4142	3187
12°	433	4063	3631
6°	109	3999	3890

Berechnen wir den Widerstand nun nach der Chapmannschen Formel, so erhalten wir:

Einfallswinkel.	Werth des relativen Widerstands, nach Chapmanns Formel.	Relativer Widerstand nach Chapmann, den Widerstand von 90° Einfallswinkel = 10000 gesetzt.	Unterschied dieses letztern Widerstandes von dem Widerstande nach der Erfahrung.
90°	0,810659	10000	0
84°	0,808723	9976	83
78°	0,802933	9904	326
72°	0,793354	9786	702
66°	0,780092	9623	1177
60°	0,763291	9414	1704
54°	0,743136	9281	2356
48°	0,719847	8879	2731
42°	0,689131	8500	3067
36°	0,641669	7915	3115
30°	0,586862	7239	2835
24°	0,532329	6566	2326
18°	0,483972	5970	1828
12°	0,446269	5505	1442
6°	0,422218	5208	1206

Wäre nun Boſſuts Widerſtand nach der Erfahrung, der wirkliche Widerſtand den die Erfahrung ergäbe, ſo ſtände es um die Chapmannſche
Formel allerdings etwas ſchwach, da die Abweichung ſehr ſtark iſt. Aber dieſen Widerſtand ergab die Erfahrung auch nicht, das verſchiedene
Deplacement ſelbſt abgerechnet, das doch nicht
überſehen werden darf, ſondern Hr. Boſſut berechnete ihn nach einer falſchen Hypotheſe, gab
uns dieſen berechneten Widerſtand, für den Widerſtand nach der Erfahrung, und wir nahmen ihn
auch bis jetzt dafür an. Herr Chapmann, der
dieſe falſche Hypotheſe zuerſt entdeckte, konnte daher auch nicht, da ſich ſeine Formel bloß auf die
Erfahrung gründet, mit Reſultaten in ſeiner Theorie übereinſtimmen, die ſich auf eine falſche Vorausſetzung gründen, nach derſelben berechnet worden ſind, und wo bey den Verſuchen der wichtige
Umſtand des Deplacements überſehen war.

Herr Boſſut nannte nemlich

1) den abſoluten Werth vom ſenkrechten Widerſtand, den eine gegebene ebene Fläche leidet $= P$.

Den relativen willführlich angenommenen Werth des Widerſtandes $= p$.

Den abſoluten Werth des Widerſtan-
ſtandes, welchen irgend eine Fläche x leidet
$= R$.

Den relativen Werth eben des Widerſtandes $= r$.

Den durchlaufenen Raum = E.
Die Zeit der Bewegung = T.

2) Für einen andern Raum und für eine andere gegebene Zeit, den absoluten Werth des Widerstandes, welchen die Fläche x leidet = Q.

Den durchlaufenen Raum = e.
Die Zeit der Bewegung = t.

und schloß

$$P : p = R : r \text{ oder}$$
$$r = \frac{R\,p}{P}.$$

Nun wähnte er, die Erfahrung gäbe ihm

$$R : Q = \frac{E^2}{T^2} : \frac{e^2}{t^2}$$

oder da

$$\frac{E}{T} = C \text{ und } \frac{e}{t} = c.$$

$$R : Q = C^2 : c^2 \text{ und } R = \frac{Q\,C^2}{c^2}$$

diesen Werth von R setzte er in den von r.

$$r = p \cdot \frac{Q}{P} \cdot \frac{C^2}{c^2}$$

Da er nun P, E, T, Q, e, t aus der Erfahrung, und folglich auch C, c kannte, so fand er auf diese Art auch das Verhältniß von p zu r, das ist, das Verhältniß des senkrechten Widerstandes einer gegebenen ebenen Fläche, bey der nemlichen Geschwindigkeit, die sich durch $\frac{E}{T}$ ausdrücken läßt. Nach diesen Gründen brachte er den Wi-

derſtand, den ſeine Verſuche ergaben, alle auf einerley Geſchwindigkeit, und berechnete darnach die
vorſtehende Tafel, die das Verhältniß des Widerſtandes nach der alten Theorie, und nach, wie er
glaubte, der Erfahrung, für funfzehn Arten von
zugeſchärften Vordertheilen enthalten ſollte.

Er gründete alſo ſeine Berechnung auf eine
Vorausſetzung, daß ſich der Widerſtand wie das
Quadrat der Geſchwindigkeit verhalte, die nach ſeinen eigenen Verſuchen nicht ſtatt findet, und von
der es unglaublich fällt, wie man ſie ſo lange für
Wahrheit annehmen konnte. Nichts kann indeſſen
die Chapmannſche Theorie beſſer rechtfertigen, als
einige Verſuche des Herrn Boſſut ſelbſt, bey denen
wirklich einerley Geſchwindigkeit ſtatt fand.

I. Bey dem Schiff, deſſen Einfallswinkel $=$
48° war, gaben 162,5 ℔. dem Schiffe
eine ſolche Geſchwindigkeit, daß es 96 Fuß
in 38,05 Sekunden durchlief.

II. Bey dem Schiff, deſſen Einfallswinkel 24°
war, gaben 112,5 ℔. dem Schiffe eine
ſolche Geſchwindigkeit, daß es 96 Fuß in
38,05 Sekunden durchlief.

Bey beyden Schiffen fand alſo einerley Geſchwindigkeit ſtatt, und der Widerſtand von No. I.
verhielt ſich zum Widerſtande von No. II. wie
162,5 : 112,5, gleiches Deplacement nemlich
zum vorausgeſetzt.

Nach Chapmanns Formel ist der relative
Widerstand für No. I. = 0,719847, und für
No. II. = 0,532329.

Nun verhält sich

$$0,719847 : 0,532329 = 162,5 : 120,16$$

wo also die Abweichung von 112,5 allerdings
7,66 beträgt.

Nach Bossut's Tabelle verhält sich freylich

$$6148 : 4240 = 162,5 : 112$$

welches von 112,5 nur um 0,5 abweicht. Aber
so sehr dies für Bossut zu beweisen scheint, so wenig beweiset es in der That für ihn. Es ist nemlich das Vordertheil in beyden Fällen ein gleich-
schenklichtes Dreyeck, und der mittlere Theil des
Körpers ein Parallelepiped, das 2 Fuß tief im
Wasser ging, 4 Fuß lang war und 2 Fuß Breite
hatte. Betrug also der Einfallswinkel 48°, so
war die Wassermasse, die aus ihrer Stelle verdrängt wurde, = 17,8 Kubikfuß, und betrug
der Einfallswinkel 24°, so war diese Wassermasse
= 20,4 Kubikfuß.

Nimmt man nun an, das freylich ohne ange-
stellte Versuche nicht erweislich ist, daß bey einerlei
Geschwindigkeit und derselben Form des Körpers, sich
der Widerstand, wie die aus ihrer Stelle verdrängte
Wassermasse, verhält, so gibt dies, wenn wir
beyde von einerley Einfallswinkel annehmen,

$$17,8 : 20,4 = 162,5 : 187,05.$$

Wenn also beyde Körper auf gleiches Deplacement gebracht sind, so verwandelt sich 162,5 in 187,05.

Es muß sich daher ferner

$$162,5 : 112,5 = 187,05 : 129,5$$

verhalten.

Der Widerstand nach der Erfahrung beträgt also

1) nicht 112,5, da beyde Körper vorhero auf einerley Deplacement zu bringen sind.

2) nicht 112 nach Bossuts Tafel; sondern

3) 129,5

womit 120,05 nach Chapmanns Formel allerdings genauer als Bossut stimmt. Eine völlige Genauigkeit läßt sich aber nicht erwarten, da ich nicht weiß, ob auch die Natur meiner Hypothese entspricht.

Vielleicht ist es nicht am unschicklichen Orte, wenn ich hier etwas über die Theorie der relativen Geschwindigkeit sage, in sofern sie bey der Lehre vom Stoß vorkommt, und sich auf unterschlächtige Mühlenräder bezieht.

Der Herr Professor Gerstner nimmt die Einrichtung der Schaufeln und des Gerinnes so an, daß gar kein Wasser neben, unter und zwischen den Schaufeln vorbeyfließen kann, ohne anzustoßen.

Er nennt g die Höhe des Falls in der Sekunde, C die Geschwindigkeit des Wassers im Schußgerinne, c die Geschwindigkeit, mit der sich das Rad umdrehet, w das Gewicht des Wassers, das in einer Sekunde in das Schußgerinne fließt, und P die Kraft des Stoßes. Nun ist ihm $P = w$. $\frac{C-c}{2g}$ und die Größe der Bewegung der Last $=$ $\frac{w}{2g} (Cc - c^2)$.

Der Effekt einer Maschine ist bekanntlich desto größer, je größer ihr mechanisches Moment, d. i. im gegenwärtigen Fall, der Werth von $\frac{w}{2g} (Cc - c^2)$ wird, es kommt also darauf an, den größtmöglichen Werth dieses Ausdrucks zu finden. Da nun Wassermenge und Gefälle gegeben und folglich unveränderlich sind, so fragt es sich bloß welchen Werth man C geben müsse, damit dieser Ausdruck ein Maximum werde. Nun ist $\mathrm{d}\,(Cc-c^2)=Cdc-2cdc=0$, daher $C=2c$ oder $c=\frac{1}{2}C$. Die Geschwindigkeit der Schaufeln des Rads muß also halb so groß, als die Geschwindigkeit des zuströmenden Wassers seyn.

Diese Theorie überraschte wohl vorzüglich dadurch, daß sie das Maximum der Geschwindigkeit auf eine mit der Erfahrung übereinstimmende Art angab.

Indessen erwäge man, daß wenn man

P die Kraft des Stoßes,

Z die Stoßfläche der Schaufel,

C die Geschwindigkeit des Wassers im Schußgerinne,

γ das specifische Gewicht eines Kubikfußes Wasser,

M die Wassermenge in der Sekunde, und

h die der Geschwindigkeit C zugehörige Höhe nennt,

daß alsdann nach der Erfahrung, wodurch dieser Satz einzig ausgemittelt werden kann,

$$P=2\,h.\,Z.\,\gamma$$

oder daß die Kraft des Stoßes so groß ist, als eine prismatische oder cylinderförmige Wassersäule, die Z zur Grundfläche, und die doppelte Geschwindigkeitshöhe h zur Höhe hat, wenn die Stoßfläche nemlich als ruhend angenommen wird.

Da nun $h = \dfrac{C^2}{4g}$ so gibt dies

$$P = 2\,\frac{C^3}{4g}.\,Z.\,\gamma = \frac{C^3}{2g}.\,Z.\,\gamma$$

Weil ferner $C.\,Z = M$ ist, so verwandelt sich die Formel hierdurch in

$$P = \frac{C}{2g}.\,M.\,\gamma$$

Wenn nun die Schaufel mit der Geschwindig-keit c ausweicht, die Wassermenge M aber als beständig vorausgesetzt wird, so gibt dies, da es nun so viel ist, als würde die Schaufel mit der Geschwindigkeit $C - c$ getroffen.

$$P = \frac{C-c}{2g}.\,M.\,\gamma$$

und für M den Werth $C.\,Z$ gesetzt

$$P = \frac{(C-c)\,C}{2g}.\,Z.\,\gamma$$

Hiergegen aber läßt sich erinnern

1) daß nun $\dfrac{(C-c)\,C}{2g}$ nicht mehr die doppelte Höhe ausdrückt, die der Geschwindigkeit $C - c$ zugehört, und daß folglich die Formel

$$P = \frac{(C-c)\,C}{2g}.\,Z.\,\gamma$$

ganz unrichtig aus der Formel $P = 2\,h\,Z\,\gamma$ abgeleitet worden ist.

2) Daß es nun nicht heißen müßte, wenn das Wasser mit der Geschwindigkeit C ankomme, und die Schaufel mit der Geschwindigkeit c

ausweiche, so wolle dies so viel sagen, als würde eine ruhende Schaufel mit der Geschwindigkeit C—c getroffen, sondern daß man nun sagen müste, es sey dies so viel als würde sie mit der Geschwindigkeit V (C — c) C getroffen.

Dies können nachstehende Betrachtungen noch deutlicher machen.

Wenn in einem Schußgerinne das Wasser mit der Geschwindigkeit C fließt, und die Stoßfläche Z trifft, so ist

$$P = \frac{C^2}{2g} . Z. \gamma,$$

fließt in einem andern Schußgerinne das Wasser mit der Geschwindigkeit C — c, und trifft es die Stoßfläche Z', so ist

$$P = \frac{(C - c)^2}{2g} . Z'. \gamma$$

Geben nun beyde Schußgerinne einerley Wassermenge, so ist beym ersten

$$P = \frac{C}{2g} . M. \gamma$$

und beym zweyten

$$P = \frac{C-c}{2g} . M. \gamma$$

denn CZ = M und (C—c) Z' = M, folglich (C — c) Z' = CZ, substituire ich nun in der Formel

$$P = \frac{C-c}{2g} . M. \gamma,$$

für M, die ihm gleiche Größe CZ, so gibt dies die Gerstnersche Formel

$$P =$$

$$P = \frac{C-c}{2g} . C . Z . \gamma = \frac{(C-c)\,C}{2g} . Z . \gamma$$

dies heißt, wenn ich zwey Schußgerinne mit einander vergleiche, die beyde einerley Wassermenge in der Sekunde geben, wo bey dem ersten die Fläche Z mit der Geschwindigkeit C, und bey dem andern die Fläche Z′ mit der Geschwindigkeit C — c getroffen wird, so ist die Kraft des Stoßes beym letztern auf die Fläche Z′ so groß, als wenn ich ein anderes Schußgerinne hätte, in welchem das Wasser mit der Geschwindigkeit $V\,[(C - c)\,C]$ strömte, und die Fläche des erstern Schußgerinnes Z den Stoß auffinge. Es versteht sich, daß beyde Stoßflächen als ruhend angenommen werden müssen.

Die alte Theorie besagte, daß wenn das Wasser im Schußgerinne mit der Geschwindigkeit C anstieße, und die Schaufel mit der Geschwindigkeit c auswiche, daß dies eben so viel sey, als würde sie als ruhend angenommen und mit der Geschwindigkeit C — c getroffen, wo alsdann

$$P = \frac{(C - c)^2}{2g} . Z . \gamma$$

auch noch jetzt unerschütterlich fest steht.

Wenn aber Herr Gerstner Folgendes darthun kann, so ist die Unzuläßigkeit der alten Theorie allerdings bewiesen, und die seinige gerechtfertigt. Er muß darthun:

F

daß es nun nicht sey, als würde Z, sondern die größere Fläche Z' (beyde als ruhend angenommen) mit der Geschwindigkeit C — c getroffen, oder als schlüge das Wasser mit der Geschwindigkeit V [(C — c) C] an die Fläche Z. Daß es aber keinen Unterschied machen könne, daß die Fläche Z nun mit der Geschwindigkeit c ausweicht, ist leicht ersichtlich, da ja eben desfalls angenommen wird, als würde sie nun nicht mehr mit der Geschwindigkeit C getroffen, mit der sie doch wirklich getroffen wird, sondern nur mit der Geschwindigkeit C — c.

Ich glaube, die Sache verdient ihrer Nützlichkeit halber einer Erwägung, und der verdiente Erfinder der neuen Theorie, wird daher gewiß nicht meine Einwendungen für etwas anders, als für ein Bemühen nehmen, durch weitere Erörterungen der Wahrheit näher zu kommen. Der wahrhaft große Mann, für den ich Herrn Gerstner halte, bekennt sich einzig für den Freund der Wahrheit, und opfert ihr alles, selbst die gerechteste Selbstliebe auf.

Aber, wird man sagen, wenn diese Einwendungen gegründet sind, an was für eine Theorie soll man sich denn halten, da die alte mit der Erfahrung nicht übereinstimmt, und diese neuere auf einem Grundsatz beruhet, der noch erst erwiesen werden muß? Die Antwort hierauf ist leicht, da

die Wahrheit wenigstens zwischen beyden in der
Mitte liegen muß, so wird es in der Ausübung
meist genügen, wenn man sich an beyde zugleich
hält, und dann die Resultate, in Hinsicht auf einen bestimmten Fall, sorgfältig mit einander ver-
gleicht, und dasjenige wählt, das die meiste Wahr-
scheinlichkeit für sich hat. Dies ist in Hinsicht auf
das Maximum, allerdings das sich aus der Gerst-
nerschen Theorie ergebende. Wird aber die höch-
ste Genauigkeit erfordert, so ist die Antwort: An
keine von beyden. Ehe durch Versuche nicht ausgemittelt ist, wie es mit dem Widerstand beschaffen sey, wenn sich ein Körper mit verschiedenen
Geschwindigkeiten im Wasser bewegt, ehe kann es
auch nicht mit hinlänglicher Genauigkeit ausgemittelt werden, wie groß der relative Stoß bey verschiedenen Geschwindigkeiten sey. Schon dadurch
beweist sich diese meine Behauptung als der Wahrheit gemäß, daß z. B. im unbegränzten Wasser
Herr Woltmann die Kraft des Stoßes einer drük-
kenden Wassersäule gleich gefunden haben will, die
die Stoßfläche, zur Grundfläche, und ⅔ der Geschwindigkeitshöhe, zur Höhe habe, da meist nur
die einfache Höhe angenommen wird. Es sind
mir zwar Herrn Langsdorfs Erinnerungen hiergegen sehr wohl bekannt, aber selbst in diesen muß er
doch zugeben, daß bey kleinen Geschwindigkeiten
⅔ komme, da sich größere der 1 nähern. Folglich
kann ja selbst, diesem Geständniß nach, kein allgemeines Gesetz der Art angenommen werden, welches auf alle Geschwindigkeiten anwendbar wäre,

denn die Höhe der Wassersäule ist nicht der Geschwindigkeitshöhe stets gleich, sondern veränderlich, wie die Geschwindigkeit sich verändert; oder die Höhe der Wassersäule verändert sich mit der Geschwindigkeitshöhe gar nicht in einem gleichen Verhältniß. Da nun Herr Chapmann die Bahn gebrochen, die nöthigen Versuche auf das zweckmäßigste angestellt, und den relativen Widerstand durch ein allgemeines Gesetz ausgedrückt hat, so ist es die Pflicht aller Hydrauliker, auf diesem Wege weiter fortzuarbeiten, und nun durch Versuche, in Hinsicht auf den Widerstand, bey verschiedenen Geschwindigkeiten, den Werth des absoluten Widerstandes auszumitteln, und dadurch die ganze Theorie zu vollenden. Hierzu würden aber Körper erforderlich seyn, die schon eine etwas beträchtliche Tiefe hätten, und welche man mit sowohl größern als kleinern Geschwindigkeiten bewegte.) Es würde hierbey nicht undienlich seyn, wenn man diese Körper zuerst, während sie einen bestimmten Raum durchliefen, beobachtete, und alsdann diese Beobachtungen von neuem wieder anfinge, während sie einen zweyfachen, und endlich einen dreyfachen Raum zurücklegten. Jedesmal müßte man aber 200 bis 300 verschiedene Versuche mit demselben Körper bey eben so viel verschiedenen Geschwindigkeiten anstellen.

Nichts hat nemlich wohl je der Wissenschaft mehr geschadet, nichts der Erforschung der Wahrheit mehr Eintrag gethan, als daß man sogleich

von einigen wenigen Versuchen allgemeine Gesetze
abstrahiren, und Fälle anf einander anwenden
wollte, die einander in der That ganz fremd waren.

Wäre nun der absolute Widerstand auf diese
Art völlig ausgemittelt, und wäre man dadurch in
den Stand gesetzt, ihn mit unumstößlicher Gewißheit bestimmen zu können, so müßte mit diesem eigentlichen Widerstand, alsdann der eigentliche
Stoß verglichen, und es müßten Versuche mit iso-
lirten Strahlen, in Schußgerinnen, in engen Kanälen und im unbegränzten Wasser angestellt
werden.

Sollten diese Versuche aber von wahrhaftem
Nutzen für die Theorie seyn, so müßte bey Schußgerinnen, bey engen Canälen, und beym unbegränzten Wasser, nicht nur auf Flächen Rücksicht
genommen werden, sondern auch auf Körper. Ja,
es wäre gut, wenn man einen Canal anlegte, der
theils so lang wäre, daß die Geschwindigkeit in
demselben gleichförmig würde, dessen Abhang aber
auch theils so verändert werden könnte, daß man
dadurch jede verlangte Geschwindigkeit zu erzielen
vermöchte. Ich gebe es zu, daß ein solcher Canal
von Bohlen zusammengeschlagen, theils sehr kost-
spielig seyn, theils aber auch keine sehr beträchtliche Größe haben könnte. Was die Kosten betrifft,
so würde sie aber ein Staat, in dessen Macht die
Anstellung solcher Versuche allerdings nur stehen
würde, wegen des daraus entspringenden großen Nu-

tens, gewiß nicht vergebens verschwenden. Was
aber die minder beträchtliche Größe desselben betrifft,
so müßte man freylich nur kleine Körperchen anwenden, die allenfalls mit Ballast beschwert werden
könnten, und mit denen man, der nöthigen Vergleichung halber, vorhero im ruhig stehenden Wasser Versuche, in Rücksicht auf den Widerstand, angestellt hätte.

Ob es indessen je zu solchen Versuchen kommen wird, das ist eine Frage, deren Entscheidung
man einzig der Zeit überlassen muß.

Tabelle

zu

Auffindung des Widerstands

sowohl

für das Vordertheil als das Hintertheil,

w =		Werth der Formel $\dfrac{\mathrm{Sin}\,\overline{w}^{2}+\mathrm{Sin}\,45°}{2\,\mathrm{cof.}\,w}$	w =		Werth der Formel $\dfrac{\mathrm{Sin}\,\overline{w}^{2}+\mathrm{Sin}\,45°}{2\,\mathrm{cof.}\,w}$
Grad.	Minut.		Grad.	Minut.	
0	0	0,207106	5	30	0,213980
0	15	121	5	45	4615
0	30	163	6	0	5112
0	45	236	6	15	5957
1	0	335	6	30	6687
1	15	463	6	45	7431
1	30	621	7	0	8204
1	45	806	7	15	9003
2	0	208020	7	30	9829
2	15	263	7	45	220481
2	30	533	8	0	1561
2	45	832	8	15	2468
3	0	209159	8	30	3400
3	15	515	8	45	4360
3	30	898	9	0	5345
3	45	210311	9	15	6357
4	0	751	9	30	7394
4	15	211220	9	45	8458
4	30	715	10	0	9546
4	45	212240	10	15	230660
5	0	792	10	30	1800
5	15	213399	10	45	2966

w =		Werth der Formel $\frac{\mathrm{Sin}\,\overline{w}^2 + \mathrm{Sin}\,45°}{R}$	w =		Werth der Formel $\frac{\mathrm{Sin}\,\overline{w}^2 + \mathrm{Sin}\,45°}{R}$
Grad.	Minut.	2 cof. w	Grad	Minut.	2 cof. w
11	0	0,234355	20	15	0,293962
11	15	5371	20	30	5947
11	30	6610	20	45	7946
11	45	7874	21	0	9561
12	0	9163	21	15	301091
12	15	240476	21	30	4036
12	30	1813	21	45	6 95
12	45	3173	22	0	8169
13	0	4556	22	15	310256
13	15	5963	22	30	2356
13	30	7395	22	45	4470
13	45	8849	23	0	6596
14	0	250326	23	15	8735
14	15	1825	23	30	320586
14	30	3346	23	45	3648
14	45	4888	24	0	5223
15	0	6455	24	15	7407
15	15	8043	24	30	9603
15	30	9651	24	45	331808
15	45	261281	25	0	4323
16	0	2932	25	15	6247
16	15	4604	25	30	8481
16	30	6296	25	45	340724
16	45	8009	26	0	2975
17	0	9742	26	15	5233
17	15	271493	26	30	7498
17	30	3265	26	45	9771
17	45	5057	27	0	351921
18	0	6866	27	15	4336
18	15	8695	27	30	6626
18	30	280542	27	45	8923
18	45	2407	28	0	361224
19	0	4290	28	15	3530
19	15	6190	28	30	5840
19	30	8109	28	45	8153
19	45	290043	29	0	370470
20	0	1997	29	15	2788

w =		Werth der Formel $\frac{\sin \overline{w}^2 + \sin 45°}{R} - \overline{2 \text{ col. } w}$	w =		Werth der Formel $\frac{\sin \overline{w}^2 + \sin 45°}{R} - \overline{2 \text{ col. } w}$
Grad.	Minut.		Grad.	Minut.	
29	30	0,375109	37	15	0,445347
29	45	7431	37	30	7460
30	0	9756	37	45	9557
30	15	382081	38	0	451636
30	30	4405	38	15	3698
30	45	6729	38	30	5741
31	0	9054	38	45	7766
31	15	391376	39	0	9771
31	30	3697	39	15	461755
31	45	6016	39	30	3818
32	0	8331	39	45	5660
32	15	400644	40	0	7578
32	30	2952	40	15	9473
32	45	5257	40	30	471345
33	0	7556	40	45	3192
33	15	9850	41	0	5013
33	30	412138	41	15	6808
33	45	4420	41	30	8575
34	0	6693	41	45	480315
34	15	8960	42	0	2025
34	30	421218	42	15	3707
34	45	3468	42	30	5358
35	0	5708	42	45	6977
35	15	7939	43	0	8564
35	30	430158	43	15	490119
35	45	2367	43	30	1639
36	0	4563	43	45	3124
36	15	6748	44	0	4574
36	30	8919	44	15	5988
36	45	441076	44	30	7363
37	0	3220	44	45	8701

$w =$		$\text{Werth für} \quad \frac{R}{2} + \frac{\text{Sin.}w}{2R}$ $\left(\text{Sin }45° - \frac{R}{2\sin.w}\right)$	$w =$		$\text{Werth für} \quad \frac{R}{2} + \frac{\text{Sin.}w}{2R}$ $\left(\text{Sin }45° - \frac{R}{2\sin.w}\right)$
Grad.	Minut.		Grad.	Minut.	
45	0	0,500000	54	15	0,536934
45	15	1083	54	30	7833
45	30	2171	54	45	8726
45	45	3250	55	0	9613
46	0	4289	55	15	540495
46	15	5393	55	30	1372
46	30	6458	55	45	2243
46	45	7517	56	0	3108
47	0	8572	56	15	3969
47	15	9621	56	30	4823
47	30	510666	56	45	5671
47	45	1706	57	0	6514
48	0	2741	57	15	7352
48	15	3771	57	30	8183
48	30	4795	57	45	9010
48	45	5815	58	0	550067
49	0	6830	58	15	0644
49	15	7839	58	30	1453
49	30	8267	58	45	2256
49	45	9843	59	0	3054
50	0	520837	59	15	3845
59	15	1711	59	30	4588
50	30	2810	59	45	5411
50	45	3788	60	0	6186
51	0	4768	60	15	6954
51	15	5730	60	30	7720
51	30	6693	60	45	8473
51	45	7651	61	0	9228
52	0	8603	61	15	9969
52	15	9550	61	30	560712
52	30	530492	61	45	1441
52	45	1428	62	0	2168
53	0	2359	62	15	2899
53	15	3285	62	30	3605
53	30	4206	62	45	4315
53	45	5121	63	0	5018
54	0	6030	63	15	5715

$w =$		Werth für $\frac{R}{2} + \frac{Sin.w}{2R}$ $\left(Sin\,45° - \frac{R}{2\,\sin.w}\right)$	$w =$		Werth für $\frac{H}{2} + \frac{Sin.w}{2R}$ $\left(Sin\,45° - \frac{R}{2\,\sin.w}\right)$
Grad.	Minut.		Grad.	Minut.	
63	30	0,566406	72	45	0,587650
63	45	7092	73	0	8105
64	0	7834	73	15	8552
64	15	8445	73	30	8993
64	30	9111	73	45	9428
64	45	9772	74	0	9857
65	0	570427	74	15	590279
65	15	1076	74	30	0694
65	30	1719	74	45	1103
65	45	2356	75	0	1506
66	0	2986	75	15	1903
66	15	3611	75	30	2291
66	30	4229	75	45	2674
66	45	4841	76	0	3051
67	0	5447	76	15	3421
67	15	6047	76	30	3788
67	30	6640	76	45	4141
67	45	7135	77	0	4491
68	0	7808	77	15	4835
68	15	8290	77	30	5172
68	30	8952	77	45	5502
68	45	9514	78	0	5827
69	0	580070	78	15	6144
69	15	0620	78	30	6455
69	30	1163	78	45	6760
69	45	1700	79	0	7056
70	0	2231	79	15	7343
70	15	2755	79	30	7632
70	30	3273	79	45	7910
70	45	3785	80	0	8182
71	0	4291	80	15	8441
71	15	4790	80	30	8704
71	30	5283	80	45	8956
71	45	5768	81	0	9200
72	0	6249	81	15	9443
72	15	6722	81	30	9669
72	30	7189	81	45	9890

$w =$ Grad.	Minut.	$\text{Werth für} \quad \dfrac{R}{2} + \dfrac{\text{Sin}.w}{2R} \left(\text{Sin } 45° - \dfrac{R}{2\sin.w}\right)$	$w =$ Grad.	Minut.	$\text{Werth für} \quad \dfrac{R}{2} + \dfrac{\text{Sin}.w}{2R} \left(\text{Sin } 45° - \dfrac{R}{2\sin.w}\right)$
82	0	0,600112	86	15	0,602797
82	15	0323	86	30	2893
82	30	0505	86	45	2984
82	45	0726	87	0	3068
83	0	0917	87	15	3146
83	15	1102	87	30	3216
83	30	1280	87	45	3280
83	45	1451	88	0	3338
84	0	1616	88	15	3388
84	15	1774	88	30	3432
84	30	1925	88	45	3469
84	45	2070	89	0	3499
85	0	2207	89	15	3522
85	15	2338	89	30	3539
85	30	2463	89	45	3550
85	45	2581	90	0	3553
86	0	2691			

Werth von v		Werth der Formel $\mathrm{Sin}\,45° - \dfrac{R}{2}$ $- 3\frac{1}{2}\,\mathrm{Tang}$ $\dfrac{(26°\,34' - v)\,\mathrm{fin}.v}{R^2}$	Werth von v		Werth der Formel $\mathrm{Sin}\,45° - \dfrac{R}{2}$ $- 3\frac{1}{2}\,\mathrm{Tang}$ $\dfrac{(26°\,34' - v)\,\mathrm{fin}.v}{R^2}$
Grad.	Minut.		Grad.	Minut.	
0	0	0,207106	6	45	0,058865
0	15	199553	7	0	055501
0	30	192166	7	15	052282
0	45	184943	7	30	049208
1	0	177884	7	45	046279
1	15	170988	8	0	043493
1	30	164254	8	15	040850
1	45	157681	8	30	038349
2	0	151269	8	45	035990
2	15	145016	9	0	033773
2	30	138921	9	15	031697
2	45	132985	9	30	029761
3	0	127206	9	45	027965
3	15	121583	10	0	026308
3	30	116115	10	15	024790
3	45	110803	10	30	023410
4	0	105644	10	45	022168
4	15	100345	11	0	021063
4	30	095786	11	15	020096
4	45	090686	11	30	019264
5	0	086536	11	45	019003
5	15	082137	11	55	018181
5	30	077887	12	0	018009
5	45	073787	13	17	017253
6	0	069835	14	23	019394
6	15	066032	26	34	207106
6	30	062275			

In der Verlagshandlung dieser Schrift sind im Jahr 1796 folgende Bücher erschienen:

Du Buat, franz. Ingenieur-Obristlieutenant, Grundlehren der Hydraulik, welche durch eine große Menge auf Befehl der Regierung angestellter Versuche bewährt worden sind; ein Werk, in welchem von der gleichförmigen und ungleichförmigen Bewegung des Wassers in Flüssen, Kanälen und Leitungsröhren; vom Ursprung der Ströme und der Entstehung ihrer Bette; von der Wirkung der Schleusen, Brücken und Wehre; von den springenden Strahlen; von der Schifffahrt auf Flüssen und engen Kanälen, und von dem Widerstande der Flüssigkeit gehandelt wird. Aus dem Franz. übers. vom Prof. Kosmann, 1r Bd. mit Anmerkungen, Zusätzen u. einer Vorrede versehen von J. A. Eytelwein, Königl. Preuß. Geh. Oberbaurathe, in Kupf. u. Holzschn. gr. 8. 2 thl.

Denkwürdigkeiten und Tagesgeschichte der Mark Brandenburg, herausgegeben von Kosmann und Heinsius, des Jahrgangs auf 1796 1s — 12s Stück, mit Kupf., 8. geheftet 4 thl.

J. Ph. Grüson, Prof. der Mathematik, enthüllte Zaubereyen und Geheimnisse der Arithmetik, zum Vergnügen und Nutzen für allerley Leser, 1r Bd., mit 2 Kupf. qr. 8. 1 thl. 12 gr.

G. Huth, Prof. der Mathematik und Physik, Beschreibung der neuen optischen Schleifmühle des Abts D. B. Toffoli, mittelst welcher alle Arten Glaslinsen leicht und in kurzer Zeit aufs genaueste geschliffen werden können, mit 2 Kupf., gr. 8. 4 gr.

Musikalien: C. Spazier einfache Lieder für Clavier und Forte Piano, gr. 4. 12 gr.

Des Herrn Ritters Pinetti de Merci physikalische Belustigungen oder Erklärung der sämmtlichen in Berlin angestellten Kunststücke desselben, vom Prof. Kosmann, 1ster Theil. 8. 12 gr.

Schattenbilder aus den Urnen der Vorzeit, 8. 15 gr.

C. G. Steinberg Naturbeschreibung für Frauenzimmer, mit Vorerinnerung, Zusätzen u. Verbesserungen der Professoren Grillo und Grüson, gr. 8. 1 thl.

Die Urnen edler Liebenden, in sanft rührenden Erzählungen und Gemählden, mit einem Titelkupfer. 8.   18 gr.

D. J. G. Walter, Prof. der Naturlehre und Anatomie, anatomisches Museum, herausgegeben von F. A. Walter, 2 Bände, mit fünf nach der Natur ausgemahlten Kupfertafeln, gr. 4.   4 thl. 12 gr.

Bildniß des Königl. Preuß. Stadt-Präsidenten Eisenberg in Berlin, gestochen von Daniel Berger.   -   6 gr.

H. Jachtmann, Königl. Pr. Feuerbaninspector, Anweisung zur Anlegung Holz, Steinkohlen und Torf ersparender Feuerungen, 2r Theil, in 3 Heften, mit 15 illum. Kupfern. gr. 8.   2 thl. 12 gr.

Michaelis, J. F., Berlinisches Rechenbuch, oder deutliche Anweisung zum Rechnen für Kinder und Liebhaber der Rechenkunst, zwey Theile, zweyte für den Buchhandel veranstaltete Auflage, 8.   1 thl.

Der Rosenkranz, ein tragikomisches Gedicht nach einer Legende, v. K. W. Zimmermann, mit einem Titelkupfer.   8 gr.

Esquisse d'un plan d'education par A. H. Dampmartin, gr. 8.   1 thl.

Examen critique et impartial du dernier roman de Madame de Genlis in titulé les Chevaliers du Cygne, 8.   4 gr.

Tables genealogiques des mille vingt-quatre quartiers de leurs Altesses royales les Princes de Prusse, petitsfils du Roi Frederic Guillaume II., Roi de Prusse, par le Prince de Bethune, 4 parties, in fol.   1 thl.

Neue Artikel für die Ostermesse 1797.

Denkwürdigkeiten und Tagesgeschichte der Mark Brandenburg, herausgegeben von Fischbach, Kosmann u. Heinsius, des Jahrgangs für 1797 1s — 7s Stück, mit Kupfern, geheftet, 8.   Prän. Preis   3 thl. 8 gr.
  Verkaufpreis   4 thl. 8 gr.

Geschichte, geheime, der von dem geflüchteten König Jakob dem zweiten projectirten Landung in England, a. d. Frz. 8.   6 gr.

Grüson, Prof. am Königl. Kadettenkorps zu Berlin, Leitfaden des ersten arithmetischen Unterrichts, 8.   4 gr.

Heinsius, Doctor der Weltweisheit, Deutsche Sprachlehre besonders zum Gebrauche in Schulen eingerichtet, durch-

gesehen und mit einer Vorrede begleitet von dem Herrn
Ober-Konsistorialrath und Probst Teller, erster oder
theoretischer Theil, 8.   12 gr.
    ist auch unter dem Titel Anweisung zur Erlernung
    der Deutschen Sprache, besonders zum Gebrauch
    in Schulen eingerichtet, zu haben.
Kosmann, Prof. der math. Wissenschaften und des deut-
    schen Styls, Beschreibung der Dienstjubelfeier des Herrn
    General-Majors von Merkatz. 8.   6 gr.
Musikalien: Lenardo und Blandine, eine Ballade von
    Bürger für das Clavier in Musik gesetzt, in zwei Thei-
    len von Belling, gr. 4.   1 thl.
Oelrichs, D. u. Geh. Legat. Rath, Bemerkungen über den
    Nutzen der Garten-Bienenzucht der Landleute. 8.   2 gr.
Des Herrn Ritters Pinetti de Merci physikalische Belusti-
    gungen, oder Erklärung der sämmtlichen von ihm ange-
    stellten Kunststücke, vom Prof. Kosmann, 2r Theil, mit
    einer Kupfertafel. 8.   12 gr.
Sammlung nützlicher Aufsätze und Nachrichten, die Bau-
    kunst betreffend, für angehende Baumeister und Freunde
    der Architektur; herausgegeben von einigen Mitgliedern
    des Königl. Preuß. Ober-Bau-Departements, Jahr-
    gang 1797. 1r Band, mit Kupfern, gr. 4. der aus
    4 Bänden bestehende Jahrgang   8 thl.
Scherz und Ernst, altdeutscher, ein Spezifikum fürs
    Zwergfell, 26 Heft.   8 gr.
Schmidt, Prof., Beschreibung der Berlinischen Erwerbs-
    schulen. 8.   2 gr.
Versuch eines Beitrags zur Charakteristik des Prinzen Frie-
    drich Ludwig Karl von Preußen. 8.   6 gr.
Elémens de la syntaxe françoise, extraits des meilleurs &
    des plus célébres grammairiens modernes par Mulnier, 8.
                                                            6 gr.
Fragmens moraux et littéraires par A. H. Dampmartin. gr. 8.
                                                        1 thl. 6 gr.

———————

Kupferstiche.

Bildniß des Herrn Domherrn von Rochow, gestochen von
    Halle.   4 gr.
Bildniß des Königl. Preuß. Geh. Ober-Finanzraths Borgs-
    stede, gestochen von Halle.   4 gr.

www.ingramcontent.com/pod-product-compliance
Lightning Source LLC
Chambersburg PA
CBHW020031030726
47499CB00007B/2367